中国式
人情世故

刘慧滢◎编著

华龄出版社
HUALING PRESS

图书在版编目（CIP）数据

中国式人情世故 / 刘慧滢编著 . -- 北京：华龄出
版社，2022.6
ISBN 978-7-5169-2330-6

Ⅰ . ①中… Ⅱ . ①刘… Ⅲ . ①人际关系学 - 中国 - 通
俗读物 Ⅳ . ① C912.11-49

中国版本图书馆 CIP 数据核字 (2022) 第 140257 号

策划编辑 刘天然	**责任印制** 李末圻	
责任编辑 郑 雍	**封面设计** 邵丽丽	

书　名 中国式人情世故	**作　者** 刘慧滢	
出　版 华龄出版社 HUALING PRESS		
发　行		
社　址 北京市东城区安定门外大街甲 57 号	**邮　编** 100011	
发　行 （010）58122255	**传　真** （010）84049572	
承　印 天津海德伟业印务有限公司		
版　次 2022 年 9 月第 1 版	**印　次** 2022 年 9 月第 1 次印刷	
规　格 640 mm x 910 mm	**开　本** 1/16	
印　张 13	**字　数** 150 千字	
书　号 ISBN 978-7-5169-2330-6		
定　价 49.00 元		

前 言

我们每个人在日常生活中总会有诸如求学、求职、求人、升职以及婚丧嫁娶等各种各样的事情要办。这些事情有的会让你神清气爽，也有的会让你头疼不已。如果不能把这些事情办好，小则可能让你的生计出现问题，大则可能让你的人生陷入绝境。

毫无疑问，我们都不想走绝路，不但不想走绝路，而且希望自己能够长袖善舞，越活越精彩。而要想做到这一点，我们就必须懂得中国式的人情世故，这样才能把事情办得漂漂亮亮的。

自古以来，中国就是一个讲人情世故的社会，人情和关系是人们办事、成事的有效工具。无论是在职场、生意场，还是在日常生活中，凡有人处，凡有事在，就离不开人情世故。我们常说"有人好办事"，说的也是这个道理。

如何利用人情世故办事，不仅是一门学问，更是一门"技术活儿"。一个人不管多聪明、多能干，先天条件有多好，如果不懂得如何为人处世，不懂得人情世故之道，那么最终往往也会以失败而告终。

纵观历史上的"牛人"，他们都懂得社会的本质和人性的法则，懂得中国式人情世故的特征，熟谙并灵活运用中国式人情世故的通变智慧。因此，你几乎看不到他们整日奔波劳碌，看不到他们愁眉不展，他们总是在不动声色中将问题和困难轻松地解决掉。

所以，作为一名中国人，如果你想在社会上有所成就，做事情能够更顺利一些，那么一定要懂得中国式的人情世故。中国式人情世故有其独特的文化特征，中国人的大部分事情都在围着人情转，其中 80% 的事情由人情决定，不懂中国式人情世故就会栽跟头。

掌握中国式人情世故的规则、方法与技巧，是成就大事的关键。掌握中国式人情世故的精髓，你就能轻松地应对各种客户，源源不断地获得订单；掌握中国式人情世故的精髓，你就能与领导和睦相处，轻松获得领导的赏识和支持，不仅开展工作顺利，更容易获得晋升机会；掌握中国式人情世故的精髓，你和同事的关系就会变得和谐，从而能够广泛借力，至少不会给自己的工作带来外在的障碍。

生活之中，人情来往更是数不胜数。如果你掌握了中国式人情世故的精髓，不仅能广建人脉，维系好各种人际关系，办事也能达到事半功倍的效果。反之，则很可能事事难成。生意场上，一点点的不到位就可能让辛苦的汗水付诸东流；酒桌上，祝酒、敬酒中一个小小的失误就可能使得整个饭桌空气凝固，所谈之事泡汤……

那么，面对这个纷繁复杂的社会和各种各样意想不到的事情，我们如何去学习和了解人情世故，把我们想要办的事情办得顺顺当当、合情合理呢？为了很好地解答读者心中的这个疑惑，我们编写了《中国式人情世故》这本书。

本书深入剖析了中国式人情世故的基本特征，介绍了其中的规则、方法与技巧，汇集了大量生动的事例，结合不同的场景，对社会交往中的各种问题和关键点进行介绍，精辟透彻地分析其中的得失，让读者领悟处世智慧和人生真谛，快速掌握中国式人情世故的精髓，灵活机智地应对各种社交活动，在建立良好人际关系的同时，抓住机遇，获得成功。

目 录

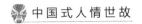

第六章　厉害的人，从不靠情绪表达自己

第七章　地低成海，人低成王——把自己当小人物处世

第八章　要想有船来，先建好自己的码头

第九章　心量就是福量，心宽才会路宽

第十章　行走江湖，智商和情商总要有一个在路上

第一章

锋芒太露没饭吃，强出风头得苦头

才能是一个人成功的基础。一个人如果有才能，展示自己的机会就很多，成功的机会也很大；而一个人如果没有才能，即使再张扬表现自己，也很难受人关注，难以获得成功。但是，如果一个有才能的人过于炫耀自我，过于展示自己，那么就很容易招致他人的嫉妒。如果发展到这一步，他的前途和事业就会非常危险。

才能如同一把双刃剑，会刺伤别人，也会刺伤自己，所以运用起来必须小心翼翼，平时把"锋芒"隐藏在剑鞘里。凡是做大事业的人，都应该修炼"藏露"之功。

不遭人妒是庸才，常遭人妒是蠢材

在社会中，在职场上，人与人之间的竞争非常激烈，因此，人们非常忌讳"锋芒毕露"，尤其是那些才能出众的人更是如此。正所谓"枪打出头鸟"，对于那些嫉妒心很强的人来说，他们不能认可他人比自己强，只会陶醉于他人不如自己或者以他人的失利为满足的情感体验中。

所谓嫉妒，一般是指当他人的才能、相貌、荣誉、地位、境遇等超过自己时，自己所产生的羞愧、愤怒、怨恨等情绪，甚至出现贬低、排斥、敌视对方的心理状态。从这个角度来说，那些受嫉妒的人往往都是才能出众的人。

韩非是战国时期韩国的贵族，"喜刑名法术之学"，后世称他为韩非子。他和李斯都是荀子的弟子。

当时，韩国国力很弱，常受邻国的欺凌，韩非多次向韩王提出富强的计策，但未被韩王采纳。于是，韩非写了《孤愤》《五蠹》等一系列文章，这些作品后来集为《韩非子》一书。

秦王嬴政读了韩非的文章，极为赞赏。公元前234年，韩非作为韩国的使臣来到秦国，上书秦王，劝其先伐赵而缓伐韩。

李斯害怕秦王嬴政重用韩非，便向秦王讲韩非的坏话。秦王最初不相信，但架不住李斯的一番花言巧语。最终，秦王听信了李斯的话，把韩非打入大牢。后来，李斯又和其他嫉妒韩非才能的人勾结串通，将韩非毒死在了牢中。

一个人如果没有遭人嫉妒，只能说明他才能平平，属于"庸才"。但如果一个人总是遭人嫉妒，而不想方设法去改变这种状况，那么他也不能算作一个真正有才能的人，只能算作"蠢材"罢了。

有人认为，有才能的人本身对有些人来说就是错的，就足以引发嫉妒，既然这样，又如何能避免呢？实际上，方法还是很多的。

比如，你可以适当地暴露一下自己的缺点，当然，这并不是暴露自己真正的缺点，而是投其所好地暴露那些嫉妒者喜欢的缺点。

如果嫉妒者贪财，那么你就可以暴露自己"贪财"的缺点；

如果嫉妒者喜欢在背后说三道四，那么你也可以在适当的时候配合他们一块儿八卦……这种看似很不起眼儿的小技巧，往往能让你成为同事身边的贴心人。这样一来，不仅掩盖了自己的才能，让自己变得不完美起来，还能让嫉妒者放松警惕，防止他们在你背后放冷箭。

乔波在某钢厂宣传处工作，有一天，经理突然叫他整理一个劳动模范的先进事迹。据知情人士透露，这其实是一次考试，它将关系到乔波是否能继续在公司待下去。

本来对这样的材料，乔波并不感到为难，但有了无形的压力，便不得不格外用心。他熬了一个通宵，写好后反复推敲，又抄得工工整整，第二天一上班，就把它送到了经理的桌子上。

经理当然很高兴，做事麻利，字又写得遒劲、悦目，而且在内容、结构上也没有什么可挑剔的。可是，经理越看到最后，笑容越收紧了。末了，他把文稿退回，让乔波再认真修改修改，满脸的严肃，真叫人搞不清什么地方出了差错。

乔波转身刚要迈步，经理像突然想起了什么似的说："对，对，那个'副厂长'的'副'字不能写成'付'，改过来，改过来就行了。"

就这么简单！经理又恢复了先前高兴的样子，一个劲儿地夸道："来得快，不错。"考试自然过关，还是优秀呢！

总之，在与人交往时，我们要学会适当地犯一点儿无伤大雅的小错误，不要在人前显得过于完美，否则盖住了别人的光芒，往往会引起别人的嫉妒。

鹰立如睡，虎行似病，成大事必懂"藏锋"之道

有人说，做人犹如打麻将，因为打麻将的秘诀在于伪装自己，使对方不能猜出自己手上的牌。所以，越是高手，越能伪装自己，同时也越能识破对方的伪装。

打麻将有"方城之战"的代称，形容它和战争一样，需要运用机智和战略来战胜别人。所以，打麻将的时候，一旦被对方看穿你的底牌，你就稳输无疑。

作为一个有才能的人，要做到不露锋芒，既能有效地保护自我，又能充分发挥自己的才能，不仅要说服、战胜盲目骄傲自大的病态心理，凡事不要太张狂，太咄咄逼人，更要养成谦虚让人的美德。

所谓"花要半开，酒要半醉"，凡是鲜花盛开娇艳的时候，不是立即被人采摘而去，就是衰败的开始。人生也是这样，当你志得意满时，切不可趾高气扬，目空一切，不可一世，这样你不被别人当靶子打才怪呢！

信陵君是魏王的异母兄弟，在当时名列"四公子"之一，知名度非常高，因仰慕其名而前往的门客达 3000 人之多。

有一天，信陵君正和魏王在宫中下棋消遣，忽然接到报告，说北方国境升起了狼烟，可能是敌人来袭的信号。魏王一听到这个消息，立刻放下棋子，打算召集群臣共商应敌之策。坐在一旁的信陵君却不慌不忙地阻止魏王，说道："先别着急，或许是邻国君主围猎，我们的边境哨兵一时看错，误以为敌人来袭，所以升起烟火，以示警戒。"

过了一会儿，又有报告说，刚才升起狼烟报告敌人来袭是错误的，事实上是邻国君主在打猎。

魏王听罢很惊讶地问信陵君："你怎么知道这件事情？"信陵君很得意地回答："我在邻国布有眼线，所以知道邻国君王今天会去打猎。"

从此以后，魏王对信陵君逐渐地疏远了。后来，信陵君受到别人的诬陷，失去了魏王的信赖，晚年耽溺于酒色，终致病死。

任何人知道了别人都不晓得的事，难免会产生一种优越感，但必须将此事隐藏起来，以免招祸，像信陵君这样知名的大政治家，因一时不知收敛锋芒而导致终身遗憾，岂不可惜？

锋芒太露而惹祸上身的典型在旧时是为人臣者功高震主。打江山时，各路英雄会聚于一个人手下，锋芒毕露，一个比一个有能耐。主子当然需要借这些人的才能来实现自己独霸天下的野心。此时的你等到天下已定，这些虎将功臣的才能不会随之消失，这时他们的才能会成为皇帝的心病，让他感到威胁，所以屡屡有开国初期滥杀功臣之事，所谓"卸磨杀驴"是也。韩信被杀，明太祖火烧庆功楼，无不如此。

不露锋芒，可能永远得不到重用；锋芒太露，又易招人陷害。虽能取得暂时成功，却也为自己掘好了坟墓。当你施展自己的才能时，也就埋下了危机的种子。所以才能显露要适可而止。

汉高祖时期，吕后采用萧何之计，谋杀了韩信。

当时高祖正带兵征剿叛军，闻讯后派使者还朝，封萧何为相国，加赐五千户，再令五百士卒、一名都卫做萧何的护卫。

百官都向萧何祝贺，只有陈平表示担心，暗地里对萧何说："大祸从现在开始了。皇上在外作战，您掌管朝政。您没有冒着箭雨滚石的危险，皇上却增加您的俸禄和护卫，这并非表示宠信。如今淮阴侯（韩信）谋反被诛，皇上心有余悸，他也有怀疑您的心理。我劝您辞掉封赏，拿出所有家产去辅助作战，这才能打消皇上的疑虑。"

一语惊醒梦中人。萧何依计而行，变卖家产犒军，高祖果然高兴，疑虑顿减。

不久，黥布谋反，高祖御驾亲征，此间派遣使者数次打听萧何的情况。使者回报说："正如上次那样，相国正鼓励百姓拿出家产辅助军队征战呢。"

这时，有个门客对萧何说："您不久就会被灭族了！您身居高位，功劳第一，便不可再得到皇上的恩宠。可是自您进入关中，一直得到百姓拥护，如今已有十多年了，皇上数次派人问及您的原因，是害怕您受到关中百姓的拥戴。现在您何不多买田地，少抚恤百姓，来自损名声呢？皇上必定会因此而心安的。"

萧何觉得门客说得很有道理，就依此计行事。高祖得胜回朝，有百姓拦路控诉相国。高祖不但没有生气，反而高兴异常，也没对萧何进行任何处分。

古人云："鹰立如睡，虎行似病，正是它攫人噬人手段处。故君子要聪明不露，才能不逞，才有肩鸿任钜的力量。"这就是"藏巧于拙，用晦而明"。

一般而言，人性都是喜直厚而恶机巧的，而胸有大志的人要达到自己的目的，没有机巧权变又绝对不行。

因此，要想既弄机巧权变，又不为人所识破、所防范、所厌恶，就应有鹰立虎行如睡如病、不露锋芒的做人智慧和策略。

深藏你的拿手绝技，你才可永为人师。因此你在演示妙术时，必须讲究策略，不可把你的看家本领和盘托出，这样你才可长享盛名，使别人永远依赖于你。在指导或帮助那些有求于你的人时，你应激发他们对你的崇拜心理，要点点滴滴地展示你的造诣。含蓄节制是生存与制胜的法宝，在重要事情上尤其如此。

这个世界上才能高的人很多，但善于隐藏锋芒的人却很少，同样一部《三国演义》，死于曹操手下的才高八斗之士数不胜数，如才华横溢的祢衡等人，皆因他们不善于隐藏自己才命丧黄泉。

所以，一定要谨记：不要把自己看得太了不起，不要把自己看得太重要，还是收敛起你的锋芒，掩饰起你的才能吧。

让人看得越透，你的分量越轻

做人要懂得用"拟态"和"保护色"，保持点神秘感，让人不敢妄自揣度，也就不敢对你轻举妄动。隐藏自己的真实力量，不仅可以免除"人怕出名猪怕壮"的烦恼，还能使对方放松警惕，让你在激烈的竞争中变得轻松。

三国时期，由于荆州地理位置十分重要，成为兵家必争之地。

公元 217 年，鲁肃病死。孙、刘联合抗曹的"蜜月"已经结束。

当时关羽镇守荆州，孙权久存夺取荆州之心，只是时机尚未成熟。不久，关羽发兵进攻曹操控制的樊城，因担心有后患，留下重兵驻守公安、南郡，保卫荆州。

孙权手下大将吕蒙认为夺取荆州的时机已到，但因有病在身，就建议孙权派当时毫无名气的青年将领陆逊接替他的位置，驻守陆口。

陆逊上任后，并不显山露水，定下了与关羽假和好、真备战的策略。他给关羽写去一封信，信中极力夸耀关羽，称关羽功高威重，可与晋文公、韩信齐名。自称一介书生，年纪太轻，难当大任，请关羽多加指教。

关羽为人，骄傲自负，目中无人，读罢陆逊的信，仰天大笑，说道："无虑江东矣。"马上从防守荆州的守军中调出大部人马，一心一意攻打樊城。

陆逊又暗地派人向曹操通风报信，约定双方一起行动，夹击关羽。孙权认定夺取荆州的时机已经成熟，派吕蒙为先锋，向荆州进发。吕蒙将精锐部队埋伏在改装成商船的战舰内，日夜兼程，突然袭击，攻下南部。关羽得讯，急忙回师，但为时已晚，孙权大军已占领荆州。关羽只得败走麦城。

先是陆逊装成"黄口小儿""文弱书生"，后是吕蒙把精兵隐为商人，即使关羽身经百战，智勇双全，最终也难免"一失足成千古恨"。

孔子年轻气盛之时，曾受教于老子。老子对孔子说："良贾深藏若虚，君子盛德容貌若愚。"即善于做生意的商人，总是隐藏其宝货，不轻易叫人看见；君子品德高尚，容貌却显得愚笨拙劣。可见，学会隐藏自己的实力，能使你在激烈的竞争中受益无穷。

西汉名将李广有一次与匈奴骑兵遭遇，匈奴有数以千计的骑兵，而李广只带了百余人马，一旦和匈奴发生冲突，定会全军覆没。

李广带领的百余名骑兵见到这种形势都很害怕，想马上逃走。

李广说："我们距离大部队还有几十里地，如果现在这样逃跑的话，匈奴很容易追上来把我们全部射杀。现在我们停留不动，匈奴一定会以为我们是我方军队派来引诱他们的，所以不敢来攻击我们。"

于是，李广命令部队继续前进，一直来到距离匈奴营帐不足二里地的地方才停下来。果然，匈奴以为李广是引他们出击的诱饵，遂纷纷撤回山上。

李广又命令部下全都下马，并把马鞍解下。手下的骑兵说："匈奴人数众多，距离我们又这么近，如果有什么紧急情况该怎么办呢？"

李广说："匈奴以为我们会逃走，如今我们要解下马鞍向他们表示我们没有逃走之意，以此来使他们坚信我们是大部队派出的诱饵。"

匈奴的军队见状，果然不敢向他们进攻。

后来，匈奴军中有个骑白马的将领出来巡视，李广飞身上马，率领手下十几个人冲上前去射死了此人，使匈奴人大为惶恐。匈奴坚持到了半夜，看李广仍无退兵之意，就疑心汉军重兵埋伏在附近，会趁着夜色偷袭他们，便悄然退兵离去了。

古人说得好，"木秀于林，风必摧之"。随意亮自己的家底，会给自己带来无尽的麻烦。这个世界上，多十个好人，似乎显不出什么，但招惹一个小人，就能让你痛苦终身。

如何保全自己呢？

其一，让对手尊重你的人品，小看你的实力。你可以用省下来的精力把自身完善得更好，让他们无从进攻，让你在竞争中变得轻松。

其二，隐强示弱。嫉妒是仇恨的源泉和种子，到处炫耀自己的实力等于自残。

其三，即使你富可敌国，也不要一次给予别人太多。细水长流的支持，才是真心实意的帮助，否则会让人有被施舍的感觉。

其四，隐藏实力最好的方式，是让你的外在表现同大多数人一样。当然，矫揉造作地到处哭穷的人，结果反而会欲盖弥彰。

在明处吃亏，在暗中得福

隐藏锋芒，难免会让自己"吃亏"。与其说"吃亏"是做人的一种气度，不如说"吃亏"是做事的一种谋略。

李泌在唐朝中后期政坛上是一位颇有名气的人物。他先后侍奉了玄宗、肃宗、代宗、德宗四代皇帝，在朝野上下很有影响。

唐德宗时，李泌担任宰相，西北的少数民族回纥族出于对他的信任，要求与唐朝讲和，缔结婚姻，这可给李泌出了个难题。从安定国家的大局考虑，李泌是主张同回纥恢复友好关系的；可德宗皇帝因早年在回纥人那里受过羞辱，对回纥怀有深仇大恨，坚决拒绝。

事情僵在那里，正巧在这时，驻守西北边防的将领向朝廷发来告急文书，要求给边防军补充军马，此时的大唐王朝已经空虚得没有这个力量了，唐德宗一筹莫展。

李泌觉得这是一个可以利用的时机，便对德宗说："陛下如果采用我的主张，几年之后，马的价钱会比现在低十倍！"

德宗忙问什么主张，李泌说："臣请陛下与回纥讲和。"

这一主张果然遭到了德宗的拒绝："你别的什么主张我都能接受，只有回纥这事，你再也不要提了，只要我活着，我决不会同他们讲和，我死了之后，子孙后代怎么处理，那就是他们的事了！"

李泌知道，好记仇的德宗皇帝是不会轻易被说服的，如果操之过急，言之过激，不仅办不成事情，还会招致皇帝的反感，给自己带来祸殃。于是他便采取了逐渐渗透的办法，在前后一年多时间里，经过多达 15 次的陈述利害的谈话，才将德宗皇帝说通。

李泌又出面向回纥族的首领做工作，使他们答应了唐朝的五条要求，并对唐朝皇帝称儿称臣。这样一来，唐德宗既摆脱了困境，又挽回了面子，十分高兴。

唐朝与回纥的关系终于得到和解，这完全是由李泌历经艰苦，一手促成的。唐德宗不解地问李泌："回纥人为什么这样听你的话？"

李泌恭敬地说："这全都仰仗陛下的威灵，我哪有这么大的力量！"

听了这样的话，德宗能不高兴，能不对李泌更加信任吗？

像李泌这样，将功劳归于皇帝，皇帝怎么会不喜欢他呢？李泌看似吃亏了，但也避免了因功而遭嫉恨的祸患，并受到了皇帝的重视和亲近。

吃亏是福，这不仅是一种潇洒的生活态度，也是一种做事的方法。

刘威是天利福食品加工公司的总经理。有一次，他突然从化验室的报告单上发现，他们生产食品的配方中，起保鲜作用的添加剂有毒，虽然毒性不大，但长期食用对身体有害。如果不用添加剂，又会影响食品的鲜度。

刘威考虑了一下，觉得为了公司的长远利益，暂时吃亏也是值得的。于是，他毅然把这一有损销量的事情告诉了每位顾客，随后又向社会宣布，防腐剂有毒，对身体有害。

刘威做出这样的举措之后，承受了很大的压力，食品销量锐减不说，当地所有从事食品加工的老板都联合起来，用一切手段向他反扑，指责他别有用心，打击别人，抬高自己，他们一起抵制刘威公司的产品，刘威公司一下子到了倒闭的边缘。

苦苦挣扎了4年之后，刘威的食品加工公司已经无以为继，但他的名声却家喻户晓。天利福食品加工公司的产品又成了人们放心满意的热门货，它在很短时间内便恢复了元气，规模扩大了两倍。天利福食品加工公司一举成了当地食品加工业的"龙头企业"。

但凡做事有"心机"的人，都懂得"吃亏是福"的道理，这对荡涤名利思想、平和浮躁心态会大有裨益。

当然，"吃亏是福"不是简单的阿Q精神，而是福祸相依的生活辩证法，是一种深刻的人生哲学。相信"吃亏是福"，可以使心胸变得宽阔，心态更加乐观、积极，而且在遇到困难时，也能得到更多人的真心帮助。

会避世，不如会避事

世事纷扰，即使图清静不去惹事，事也会来惹你。对那些找上门来的"事"，惹不起却躲得起，然而避事也是要讲方法的。

三国时，魏国的大将司马懿出身大士族。曹操刚刚掌权的时候，曾经征召司马懿出来做官。

那时候，司马懿嫌曹操出身低微，不愿意应召，但是又不敢得罪曹操，就托词说自己得了风瘫病。

曹操怀疑司马懿有意推托，派刺客深夜闯进司马懿的卧室去察看，果然看到司马懿直挺挺地躺在床上。刺客还不相信，拔出佩刀，架在司马懿的身上，装出要劈下去的样子。司马懿只瞪着眼睛望着刺客，身体纹丝不动。刺客这才相信他是真瘫，收起刀向曹操汇报去了。

司马懿知道曹操不会就此放过他。过了一段时间，他让人传出消息，说风瘫病已经好了。等曹操再一次召他的时候，他就不拒绝了。

司马懿先后在曹操和魏文帝曹丕手下担任重要职位，到了魏明帝即位时，魏国兵权已大部分落在他手里。后来，魏明帝将死之际，把司马懿和皇族大臣曹爽叫到床边，嘱咐他们共同辅助太子曹芳。

魏明帝死后，太子曹芳即位，就是魏少帝。司马懿和宗室曹爽同为顾命大臣，一同执政。曹爽对司马懿这个外人不大放心，便用魏少帝的名义提升司马懿为太傅，实际上是夺去他的兵权。自兵权落到曹爽手里之后，司马懿就托病在家休养。

恰在这时，李胜升任青州刺史，前来向曹爽辞行。曹爽觉得这是个好机会，就让他借出任荆州刺史之机，以向司马懿辞行为由，前去探听虚实。

司马懿料到李胜来访的真实意图，于是作了一番精心安排。李胜来到司马懿的居室，只见司马懿正在两个丫鬟服侍下更衣，他浑身颤抖，久久地穿不上衣服。他又称口渴，待丫鬟捧上粥来，他以口去接，将粥弄翻，流了一身，样子十分狼狈。

李胜看着欣喜，说："听说您风痹旧病复发，没想到病情竟这样严重，我受皇上恩典，委为青州刺史，今天是特来向您告辞的。"

司马懿故意装作气力不济的样子说："我年老体衰活不了多久了，你调任并州，并州临近胡邦，要多加防范，以免给胡人制造进犯的机会啊！恐怕我们再难相见，拜托你今后替我照顾两个儿子司马师和司马昭。"

李胜说："我是出任青州，不是并州啊！"

司马懿说："我精神恍惚，没有听清楚你的话，以你的才能，可以大建一番功业。"

李胜回去后，将所见所闻的详情告诉了曹爽，曹爽听后大喜，从此对司马懿消除了戒心，不加防范。

公元 249 年新年，魏少帝曹芳到城外去祭扫祖先的陵墓，曹爽和他的兄弟、亲信大臣全跟了去。司马懿既然"病"得厉害，当然也没有人请他去。

等曹爽一帮人一出皇城，太傅司马懿的"病"全好了，他披挂起盔甲，抖擞精神，带着他两个儿子司马师、司马昭，率领兵马迅速占领了城门和兵库，并且假传皇太后的诏令，把曹爽的大将军职务撤了。

又过了几天，就有人告发曹爽一伙谋反，司马懿派人把曹爽一伙人全下了监狱处死。这样一来，魏国的政权名义上还是曹氏的，实际上已经转到司马懿手里。

值得一提的是，既然"避"事，就要一避到底，环环相扣，否则任何小破绽都有可能被人认定是大心机。

外拙内精，成功一路顺风

生活中，我们常能听到那些处世老练的前辈们这样劝说刚步入社会、年轻气盛的人："算了吧，别计较那么清楚。"简简单单的一句话，却是长期世事磨砺的总结。不得不承认，人的一生精力有限，若对什么事都斤斤计较，那就会让自己太累了。

处世高明的人总是能做到"抓大放小"，小事糊涂而大事清醒，既显得宽容大度，又能保全自己。

公元 995 年,吕端被宋太宗提升为宰相。对这个一人之下、万人之上的位置,吕端并不觉得有多了不起,他想的是如何调动全体臣僚的积极性,为此不惜自己放权和让位。

当时和他有同样声望的还有一位名臣寇准,办事干练,很有才能,但是性子有些刚烈。

吕端担心自己当了宰相后寇准心中会不平衡,如果耍起脾气来,朝政会受到影响,于是就请太宗另下了一道命令,让担任参知政事(副宰相)的寇准和他轮流掌印,领班奏事,并一同到政事堂中议事。这得到了太宗的批准,也平和了寇准的情绪。

后来,太宗又下诏说:朝中大事要先交给吕端处理,然后再上报给我。但吕端遇事总是与寇准商量,从不专断。

过了一段时间,吕端又主动把相位让给了寇准,自己去当参知政事。这种主动让权,在世人的眼中自然是"糊涂"的举动。

有一年,朝中大臣李惟清被太宗从掌管全国军事的枢密使的位子上换下来,去当负责监察百官的御史中丞,虽然是平调,但实际权力发生了变化,他认为是吕端在中间使坏。于是,李惟清趁吕端有病在家休息没有上朝,告了吕端一个恶状。

事情传到吕端耳中后,吕端不以为然,既没有去对皇帝表白,也没有去找李惟清算账,而是淡淡地说:"我一辈子行得正,坐得直,没有做什么对不起人的事,又怎会怕什么风言风语呢?"这种不与人计较的坦然心态也被人认为是

"糊涂"。

在吕端刚刚担任参知政事的时候，他从文武百官前面经过，一个小官由于平时听多了吕端"糊涂"的传闻，对他很不服气，以很不屑的口吻说了一句："这个人竟也当了参知政事？"

吕端的随行人员觉得愤懑难平，要问那个人的姓名，看看是干什么的。吕端制止说："不要问，你问了他就得说，他说了我也就知道了，而我一知道，对这种公然侮辱我的人便会终生不能忘。特意去报复对我来说是肯定不会的，但以后如果有什么事涉及他，撞到我手里，想做到公正对待也一定很难。所以，还是不知道的好。"

这种君子不念恶，揣着明白装糊涂的举动对吕端来说，是一种反映自我修养的高尚境界，但在世人眼中，却被看成了"糊涂"。

吕端的"糊涂"，还在于他的不置产业。他不仅为官非常清廉，贪污受贿之事从来没有，就连应得的那份俸禄也常常分出一些周济照顾别人。以至于吕端去世后，他的两个儿子竟因生活困难，没钱结婚，只好把房产抵押给别人。

真宗皇帝知道这件事之后，很受感动，从皇宫的开支中支出五百万钱把房产赎了回来，另外又赏了不少金银和丝绸，替吕家还清了旧账。吕端身为堂堂一朝宰相，而后人贫困至此，在常人的眼里又是多么"糊涂"。

吕端一生经历了三代帝王，在四十年的宦海生涯中几乎没有受到什么冲击，这种经历在封建王朝中实在是不多见的。这与他在大局、大节问题上毫不糊涂，但在事关个人利益的问题上却能"糊涂"了事的品质是有很大关系的。对于今天的人来说，不管是当官还是为人处世，都应该学学这种"糊涂"的精神。

所以，清醒的人要时刻面对许多的痛苦和麻烦，而适时"糊涂"实则是保全自我的处世之道，因为没有人会对一个"糊涂"的人提过多的要求。而糊涂后面掩藏的清醒则是你出奇制胜的关键。

第二章

关系的本质是交情，而不是交易

每一个人生活的幸福、工作的成功，都离不开与他人的交往。因此，人际关系在现代社会中也显得越来越重要。在与人的交往中，有些人只抱着获得自己想要的利益的心态去和别人相处，把关系当成一种交易。这样的人际关系迟早会出现破裂。

千人千面，在每张面孔的背后，都有一颗跳动的心，所以与人交往，更应该是心与心的碰撞，感情与感情的交流，而不应该将其当成一种交易。

好关系不能夹杂势利

广交朋友、建立朋友关系是一件好事，但趋炎附势，带着势利的眼光来选择交往对象，却是不可取的。

一次聚会，菲菲认识了同在一座大厦工作的楚庄。菲菲虽然已经三十岁了，但是外表看着很年轻，像个二十岁刚出头的小姑娘。

那次聚会后，楚庄就一直在追求菲菲。因此，菲菲的好友兼同事小莉常常见到他。

可是，最近小莉却见不到楚庄的身影了。

中午一起吃饭的时候，小莉问菲菲："怎么不见那个楚庄在楼下等你了？"

"他啊，原来追我也不是多诚心。无非是看我工资高，人又长得还行。那次，我跟他说起，我想辞职开个蛋糕店，他就立马不联系我了。"菲菲说道。

"啊！这么势利？没想到看着衣冠楚楚的楚庄，原来是这样的人。"小莉叹息道。

"而且他知道我的房子是租的之后，就更嫌弃我了。"菲菲说道。

"他不也是在这里租房子吗？一个受过现代教育的人，怎么这么势利啊。"小莉真是不知道该说楚庄什么好。

在生活中有很多楚庄这样的人，他们是"直性子"，只要发现你没有任何价值，就会立刻放弃与你结交。

一次聚会，楚庄就能"喜欢"上菲菲，并猛烈地追求她。这不得不说，楚庄也是很善于交际的，但是他的势利，让他找不到朋友。

社会是熟人间的社会，每个人的交际范围都是固定的，即使认识了新的朋友，那也是一个圈子里的。假如为了利益才与他人交往，一传十，十传百，很快大家就都知道了。如果你是一个势利的人，他们就不会再与你交往了。

善于交际并没有什么错，但是过分势利就是一件糟糕的事情。

事实告诉我们，当你用势利的眼光去选择交往对象时，往往得不到自己想要的东西。即使是势利的人，也不喜欢跟势利的人结交，既然自己都讨厌势利，就不要戴着有色眼镜去交际了。

从对方身上看不到对自己有利的东西就转身离开，这种行为不仅会被他人唾弃，还会令自己的处境变得越来越艰难。人之所以势利，无非是想索取一些什么，让自己的生活变得更加美好。但这种指望别人改变自己生活的想法，其实并没有用。

戚薇薇刚嫁给翟俊的时候，翟俊还是个卖水果的小商贩。虽然日子辛苦，但两人相亲相爱，日子过得倒也幸福。

翟俊的嫂子是个非常势利的人，看翟俊没什么钱，平常也不与他们来往。

同住在一个小区，有时难免会碰到。戚薇薇总会跟嫂子打招呼，可是嫂子却一次又一次地假装没看到她。

翟俊看到妻子有些不开心，便哄道："你别太在意，嫂子就是这样的人。"

戚薇薇知道她势利，不喜欢翟俊，可是毕竟是一家人，这样总是不太好。

一次，戚薇薇回去看婆婆，听到嫂子跟大哥说："哼，翟俊又没钱，我才不要跟他们多来往呢，以后又指望不上。"

听到这么尖刻的话，戚薇薇忍不住有了跟嫂子吵架的冲动。从那之后，她再也没跟嫂子打过招呼。

后来，两人的小生意渐渐有了起色，开了一家卖水果的店铺，存折上也有了些钱。

嫂子的态度立刻变得不一样了，看到翟俊夫妻俩，总会笑着上前打招呼，还不时上门给他们送点儿东西。

"她变化这么大，没钱就理都不理，有钱了，就想交好。势利的人真是善变。"戚薇薇跟翟俊说道。

翟俊的嫂子是势利人的缩影，有时候，他们甚至可以放弃自己的尊严来争取想要的东西，结交朋友时也以"对方是否能给自己带来利益"为前提。也许他们最终能获得自己想要的东西，但是这种行为不仅会被别人所不齿，也会失去做人的尊严。

所以，与人交往时，少一些势利，多一些真诚吧。

人情要厚积，关系在往来

人情是中国人维系人际关系的最佳手段和人际交往的主要工具。朋友之间没有人情往来，友谊就会淡漠，甚至消失。

而当你送朋友一个人情时，朋友便因此欠了你一个人情，他是会想办法回报的，因为这是人之常情。做人情就像你在银行里存款，存得越多，存得越久，利息便越多。

所以，我们平时送人情时，一定要把人情做足，好人做到底，要想朋友之所想，急朋友之所急，在他最困难、最需要帮助的时候，给他一个人情，如此这份人情的分量就会更大。

人情做足包含两个含义：一是人情要做完，二是人情要做得充分。

如果朋友求你办什么事，你满口答应："没问题。"但隔了几天，你给他一个没有下文的结果，对方虽然口头上不说什么，但心里肯定会说："这哥们儿，真不够意思，做就做完，做一半还不如不做，帮倒忙。"

做人情只做一半，叫帮倒忙，越帮越忙，非但如此，还会影响信任度，说话不算数的朋友谁都不愿意结交。人情做一半，叫出力不讨好。

人情做充分，就是不仅要做完，还要做好，做得漂亮。如果你答应帮朋友办某件事，就要尽心去做，不能做得勉勉强强。如果做得太勉强了，即使事情成了，你勉强的态度也会让他在感情上受到伤害。

俗话说："在家靠父母，出门靠朋友。"多一个朋友多一条路。要想人爱己，己须先爱人。只有时刻存有乐善好施、成人之美的心思，才能为自己多储存些人情的债权。

这就如同一个人为防不测，须养成"储蓄"的习惯，这甚至会让自己的子孙后代得到好处，正所谓前世修来的福分。

钱锺书先生一生日子过得比较平顺，但困居上海写《围城》的时候，也窘迫过一阵子。辞退保姆后，由夫人杨绛操持家务，所谓"卷袖围裙为口忙"。

那时，钱锺书先生的学术文稿没人买，于是他写小说的动机里就多少掺进了挣钱养家的成分。一天 500 字的精工细作，却又绝对不是商业性的写作速度。

恰巧这时，黄佐临导演排演了杨绛的四幕喜剧《称心如意》和五幕喜剧《弄假成真》，并及时支付了酬金，才使钱家渡过了难关。

时隔多年，黄佐临导演之女黄蜀芹之所以独得钱锺书亲允，开拍电视连续剧《围城》，实因她怀揣老爸一封亲笔信的缘故。钱锺书是个别人为他做了事他一辈子都记着的人，黄佐临四十多年前的义助，钱锺书多年后终于回报。

不要小看对一个失意的人说一句暖心的话，对一个将倒的人轻轻扶一把，对一个无望的人赋予一份真挚的信任，也许自己什么都没失去，而对一个需要帮助的人来说，也许就是警醒，就是支持，就是宽慰。

相反，不肯帮助人，总是太看重自己丝丝缕缕的得失，这样的人目光中不免闪烁着麻木的神色，心中也会不时地泛起一些阴暗的沉渣。别人的困难，他当作自己得意的资本；别人的失败，他化作安慰自己的笑料；别人伸出求援的手，他会冷冷地推开；别人痛苦地呻吟，他却无动于衷。

至于路遇不平，更是不会拔刀相助；就是见死不救，也许他也有十足的理由。自私使这种人吝啬到了连微弱的同情和丝毫的给予都拿不出来。

这样的人不仅会堕落成一个无情的人，而且会沦落为一个可怜的人。因为他的心只能容下自己，他在一步步堵死自己所有可能的路，同时也在拒绝所有可能的帮助。

在人际交往中，要想得到别人的喜欢，就得让别人熟悉你，而熟识程度是与交往次数直接相关的。交往次数越多，心理上的距离越近，越容易产生共同的经验，使彼此了解和建立友谊，由此形成良好的人际关系。例如教师和学生、领导和秘书等，由于工作的需要，交往的次数多，所以较容易建立亲近的人际关系。

由此可见，简单的呈现确实会增加吸引力，彼此接近、常常见面的确是建立良好人际关系的必要条件。

当然，任何事物都是辩证的，不是绝对的，我们应该承认交往的次数和频率对吸引的作用，但是不能过分夸大其对交往的作用。

俗话说："距离产生美"，任何事情都存在一个度的问题。有些心理学家孤立地把研究重点放在交往的次数上，过分注重交往的形式，而忽略了人们之间交往的内容、交往的性质，这是不恰当的。

好关系都是"麻烦"出来的

有良好人际关系的人，在工作和生活中办起事来常常会事半功倍。成功者都善于借力、借势去营造成功的氛围，从而攻克一件件难事，为他们的成功铺平道路。最重要的是，成功者还懂得如何营造这种好关系。

积少成多的道理大家都非常清楚，一点儿一点儿积累，最后收获很多。

有心理学家曾做过这样一个实验：在一所中学选取了一个班的学生作为实验对象。他在黑板上不起眼儿的角落里写下了一些奇怪的英文单词。这个班的学生每天到校时，都会瞥见那些写在黑板角落里的奇怪的英文单词。这些单词显然不是即将要学的课文中的一部分，但它们已作为班级背景的一部分被接受了。

班上学生没发现这些单词以一种有条理的方式改变着——一些单词只出现过一次，而一些却出现了 25 次之多。期末时，这个班的学生接到一份问卷，要求对一个单词表的满意度进行评估，列在表中的是曾出现在黑板角落里的所有单词。

统计结果表明：一个单词在黑板上出现得越频繁，它的满意率就越高。心理学家有关单词的研究证明了曝光效应的存在，即某个刺激的重复呈现会增加这个刺激的评估正向性。与"熟悉产生厌恶"的传统观念相反，曝光效应表明某个事物呈现次数越多，人们越可能喜欢它。

在人际交往中，交往次数越多，心理上的距离越近，越容易使彼此了解和建立友谊，哪怕是时不时地、故意地"麻烦"别人。

"麻烦"是人与人建立感情的链接，问题在互相麻烦中解决，感情在相互麻烦中加深。可以这么说，好的关系都是"麻烦"出来的。

李桐成功应聘了某公司的人力资源主管，而前任人力资源主管赵维则成了公司的副总裁。李桐很想和赵维搞好关系，但赵维性格高傲，让李桐很难"说上话"。李桐为此感到非常苦恼。

有一次，李桐遇到了一件棘手的事。公司的一位员工在出差的时候摔折了胳膊。这样的事情以前从未发生过，公司怎么处理这件事，是否赔付，赔付多少合适，都没有先例可以参照。

因为这件事涉及员工的利益，老板要求李桐尽快处理，因为拖沓会显得公司对这件事不重视。要妥善处理这件事，必须兼顾公司和员工的利益，对内对外都不能留下任何隐患。

李桐一时无从下手，到了最后半天的时间，他想到了赵维。李桐这时候的心情非常犹豫：如果求助于赵维，可能会吃"闭门羹"，甚至会遭到嘲笑；如果不去求助赵维，眼前的事情又实在无法解决。最后，李桐还是狠了狠心，敲了敲赵维办公室的门。

让李桐没想到的是，赵维给了他最可靠的处理方法。李桐根据这个方法，马上拿出了这个事件的处理意见，还写了部门处理类似事情的流程，并上报给老板。老板对此给予了极高的评价。

在这件事的成功处理上，赵维给了李桐莫大的帮助。后来，李桐还经常故意找些自己本身就能解决的问题去"麻烦"赵维，赵维则热情地进行解答。就这样，两个人的交往越来越频繁，关系也越来越密切。

心理学家武志红在《巨婴国》里说："很多人怕麻烦别人，但是，不麻烦彼此，关系也就无从建立。"只要不是太过分的要求，都可以放心地"麻烦"朋友。最怕的就是：你不说，我不问。很多关系不就是这样慢慢变得生疏，而无法亲近了吗？

总体来说，真正的人际关系高手都是"麻烦精"，他们适度地麻烦别人，非但没有影响自己的人际关系，反而扩大了自己的人脉，让自己的生活更舒心，让自己的人生更顺畅。

人际关系良好，强者需要示弱

强者有时也要示弱，这样能让你更好地处理人际关系。作为弱者的一方，通常心里都希望看到强大的对手遭遇挫折。所以，作为强者来说，在某些时候，某些场合假装踢到"铁板"喊脚痛，收敛一下自己的锋芒，也是很有必要的。

张某和李某是大学同班同学，二人无话不谈，彼此间几乎没有秘密，因此班上同学都说他们二人是"难兄难弟"，而他们也以彼此间的友情而自豪，并且相当珍惜。大学毕业后，二人仍然保持联系。几年过后，二人的工作都换了，也先后结了婚，但是仍然来往频繁。

后来张某一度落魄，李某则不时给予温情。

过了五六年，张某东山再起，到达一个李某根本无法企

及的位置。但自此之后，二人关系淡了，张某找李某，李某
总是借故逃避。为什么会如此？张某十分纳闷儿。

张某和李某在校时感情甚好，步入社会后仍能维持一定的关
系，原因有两个：

一是二人出身背景相近，彼此都感受不到对方的"压力"，
因此能融洽相处。如果二人中一为豪门世家，一为寒门子弟，恐
怕就不是这个样子；

二是初入社会，彼此"成就"差不多，"压力"尚未形成，
因此彼此的友谊还能维持。

不过，人是好"比"的，"比"的目的是建立自己在同行中
的地位。因此，绝大多数人不会去和不同行业者比，不会去和不
同年龄者比，不会去和职业差太多者比，总是会和同班同学比，
和同行比，和同阶层比；能"比"对方"高""好""多"，自己
就会有一种自我满足。

大学生从学校毕业后，前几年看不出先后，但七八年、十多
年之后，成就的高下就出现了，所以大学毕业后几年，同学会还
办得起来，十年后就不容易办了，因为前几年大家都差不多，十
年后成就有了差距，自认没有成就的就不想参加了。

张某和李某的问题也是出在"比"这个字上。本来李某认为
他是可以超越张某的，所以他也不吝给予落魄中的张某温情，谁
知张某反而在几年后超越了李某，让李某很不是滋味；李某过去
的乐观破灭，心理受到了"估算错误"的打击，同时也有了成就
比较上的压力，一时无法调适，所以就和张某疏远了。

其实，强者偶尔装装"脚痛"，表现得隐晦一点儿，会让弱

者在心理上多少得到一些平衡，双方的关系也就不会陷入僵局。

这种现象包含着嫉妒、羡慕的心理，基本上属于维护自我尊严的防卫性行为，但有时也不无转成攻击性行为的可能。

所以，当你在事业上走在同行的前面时，第一个影响就是原来的朋友突然少了。不过，这些突然疏远了的朋友也有可能在一段时间之后和你重新建立关系——反正也比不上你，不如和你保持接触，以免失去一条可贵的人脉。

女孩也会有这种情形，而且可能表现得更为直接强烈，例如当某位女孩嫁给一位人人羡慕的对象时，那么她的"闺中密友"就有可能很快与她疏远，因为她们受不了她的"幸运"而生她的"闷气"。

不过，这也是一件无可奈何的事，友情诚可贵，但为了追求自己的更高成就，也不必过分地勉强。

有些时候，愿意在弱者面前显示你"脆弱"的一面，表现得谦卑一点儿，会让对方心理平衡一些，至少在处理人际关系方面不会让你束手无策，面临尴尬的境地。

冷庙烧香，敢于结交潦倒英雄

在社会生活中需要感情投资，这个道理很多人都明白，但是如何进行感情投资却没有多少人清楚。其实，感情投资的最佳策略就是雪中送炭，扩大感情投资的性价比。

在《水浒传》中，有这样精彩的一幕：

话说宋江杀了阎婆惜后，逃到柴进庄上避难，碰上了武松。

当时武松因在故乡清河县误以为自己伤人致死已躲在柴进庄

上。但因为武松脾气不太好，得罪了柴进的庄客，所以柴进也不是十分喜欢他。

《水浒传》中说："柴进因何不喜武松？原来武松初来投奔柴进时，也一般接纳管待；次后在庄上，但吃醉了酒，性气刚烈，庄客有些顾管不到处，他便要下拳打他们，因此满庄里庄客，没一个道他好。众人只是嫌他，都去柴进面前，告诉他许多不是处。柴进虽然不赶他，只是相待得他慢了。"

所以，武松在柴进的庄上一直被大家孤立，找不到一个可以交心的朋友，只能一个人天天喝闷酒。

宋江知道武松是个英雄，日后定可为自己帮忙，因此，他到了柴进庄上一见到武松马上拉着他去喝酒，似乎亲人相逢，看武松的衣服旧了，马上就拿钱出来给他做衣服（后来钱还是柴进出的，但好人却是宋江做的）。而后"却得宋江每日带挈他一处，饮酒相陪"，这饮酒的花费自然还是柴进开销的。

临别时，宋江一直送了六七里路，并摆酒送行，还拿出十两银子给武松做路费，而后一直目送武松远离。

正因为如此，武松一直对宋江忠心耿耿，为宋江出生入死。

宋江所费之钱可以说是小成本，他不过花了十两银子和饯行的一顿饭，却让英雄盖世的武松对他感恩戴德。而柴大官人庇护了武松整整一年，就算后来有所怠慢，也没有少他吃喝用度的，在他身上花费的岂止十两银子。

相对于宋江而言，柴大官人真是得不偿失。这位宋大哥在武松心目中的分量恐怕要远远超过柴大官人。

为什么柴进名满江湖、出身高贵，却成不了老大，而宋江却可以？因为宋江更懂得如何通过雪中送炭收买人心。

　　然而，在现实生活中，人们往往热衷于锦上添花，而不屑于雪中送炭。好像能与事业有成的人缔结关系，便可以巧妙地利用对方那股气势。这是一种一厢情愿的心理，然而在这种情况下结交的朋友，通常无法培育出可靠的人际关系。

　　那些万事顺利、春风得意的人，人人都想与他们结识，都想与他们交上朋友。一方面他们顾不过来，另一方面他们也无法与巴结他们的人成为真正的朋友。反之，如果与那些暂不得势的人交往，并成为好朋友，那就可能完全不同了。

　　在他们处于困境中的时候，你能不打折扣地给予帮助，有朝一日他们飞黄腾达了，就会第一个还你人情。那时找他们帮忙，他们便会毫不犹豫地答应。

　　当然，我们说要雪中送炭，并不是说逢人便送，遇人则给，而是"放出眼光，择其有资望者，或将来必有腾达高就者"。

　　如果你认定某个不得势的人将来必定是个成功人物，只是暂时的不得势，将来会大有作为，那你就该多多与他交往。或者乘机进以忠言，指出他失败的原因，激励他改过向上。如果自己有能力，更应给予适当的协助，甚至给予物质上的救济，而物质上的救济，不要等他开口，要采取主动。

　　有时对方急着要，又不肯对你明言，或故意表示无此急需。你如果得知此情形，更应尽力帮忙，并且不能有丝毫得意的样子。一面使他感到受之有愧，一面又使他有知己之感。日后如有所需，他必将全力回报。

　　锦上添花易，雪中送炭难。真正懂得博弈智慧的人都明白：

成功的诀窍之一就是要少一些锦上添花，多一些雪中送炭。多结识一些"困龙"，他们将成为你生活中忠实的朋友，事业上得力的助手。

一个懂得善待自己落魄朋友的人，不仅能赢得朋友的真心，而且能为自己赢得生机和他人的钦佩。可是现实中有不少人总是可以敏感地觉察到自己的苦处，却对别人的痛处缺乏了解。他们不了解别人的需要，更不会花工夫去了解；有的甚至知道了却佯装不知，大概是没有切身之苦、切肤之痛吧！

虽然很少有人能达到"人饥己饥，人溺己溺"的境界，但我们至少可以随时体察一下暂时不得势的人的需要，时刻关心他们，帮助他们脱离困境，当他们遭到挫折而沮丧时，适时给予鼓励。

这样不但维系了友情，而且一旦那位落魄朋友时来运转的话，你当初的那份温情就会显得弥足珍贵，如果日后你需要帮助的话，定然会得到转势之友的大力相助，这也许就是"冷庙烧香"的好处吧。

从一定意义上说，对待落魄、失势者的态度不仅是对一个人交际品质的考验，而且也是建立良好人际关系的契机。世事沧桑，复杂多变，起起伏伏，实难预料。昨天的权贵，今天可能成为平民；路边乞丐，一夜之间也可能平步青云……

从人生的角度来看，人们不可能一帆风顺，挫折、背运是难免的。当人们落难的时候，正是对周围的人们，特别是对朋友的考验。远离而去的人可能从此成为路人，同情、帮助他渡过难关的人，他可能铭记一辈子。所谓莫逆之交、患难朋友，往往就是在困难时刻产生的，这时形成的友谊是最有价值、最令人珍视的。

过度透支人情＝自堵活路

虽然有人好办事儿，但是也不要过多地求人办事儿，自己能办的事情一定要自己办，如果实在办不了，再去动用人情，这样才能保证人情的利用价值，才不至于透支人情。

有个人接编某份杂志，由于杂志的财源并不丰裕，不仅人手少，稿费也不高，但他又不愿意因为稿费不高而降低杂志的水准，于是他开始运用人情向一些作家邀稿，这些作家和他都有过交情，但其中一位在写了数篇之后坦白地向他说："我是以朋友的立场写稿，但你们稿费太低了，错不在你，但你这样子做是在透支人情。"

人和人相处总是会有情分的，这情分就是"人情"。有些人很喜用"人情"来办事，但"人情"是有限量的，就像银行存款那样，你存得越多，可取出来的钱就越多，存得越少，可取出来的就越少。

如果你和别人只是泛泛之交，那么你能要求他帮的忙就很有限，因为他没有义务和责任帮你大忙，你也不可能一次又一次要求他帮你的忙；这是因为你的人情存款只有那么一点点。如果你要求得多，那就是透支了。透支的结果如何？当然也有人不在乎，但一般会造成两个结果：

第一，你们之间的感情变淡，朋友甚至对你唯恐避之不及，如果进一步发展，你们的情分可能会就此断了。

第二，你在朋友眼中变成不知人情世故的人，这对你是相当不利的。

然而人做事不可能单打独斗，有时还是要用到亲戚朋友，换句话说，要动用到人情存款簿。

中国自古讲究礼尚往来，也是互惠互利的表现。这似乎是人类行为不成文的规则。

一个人向朋友请教一件事，两人聚会吃饭，那么账单就理所当然应由请教人的这个人付，因为他是有求于人的一方。如果他不懂这个道理，反而让对方付，就很不得体。

在不是很熟悉的朋友之间，你求别人办事，如果没有及时地回报，下一次又求人家，就显得不太自然。因为人家会怀疑你是否有回报的意识，是否感激他对你的付出。及时地回报，可以表明自己是知恩图报的人，有利于彼此之间继续交往。

如果不及时回报，会给你带来一些麻烦。你一直欠着这个情，如果对方突然有一件事反过来求你，而你又觉得不太好办的话，就很难拒绝了。俗话说："受人一饭，听人使唤。"因此，为了保持一定的自由，你最好不要欠人情债。

当然，在关系很亲密的朋友之间，就不一定要马上回报，那样反而可能显得生疏。但也不等于不回报，只是时间可能拖得长一些，或有了机会再回报。

那么要如何动用人情才不至于"透支"呢？有以下几个原则：

1. 弄清楚你和对方的情分如何，再决定是不是找他帮忙。

2. 如果能不找人帮忙就尽量不找人帮忙，就好像银行存款，能不动用当然最好，要把这个人情用在刀刃上。

3. 动用人情的次数要尽量少，以免提早把人情"存款"用光。

4. 要有适度的回馈，也就是"还人情"。回馈有很多种，例如主动去帮对方的忙，请吃饭送礼物都可以。总之，不要把人家帮你忙当成应该的，有"提"有"存"，再提还有！

5. 就算对方曾欠你情，你也不可抱着讨人情的心态去要求对方帮忙，因为这有可能引起对方的不快。

6. 斤斤计较的人，你们交情再深，也不可轻易找他帮忙，否则这人情债会像在地下钱庄借钱那样，让你吃不消。

如果你不了解这些，动辄找同学、朋友帮你的忙，那么你就会发现，你慢慢变成了不受欢迎的人。当然也有主动帮你忙的人，但切勿认为这是天上掉下来的，你若无适度的回馈，这也是一种"透支"。

第三章

做人要有心机，做事要有心计

在现实生活中，有的人总是潇洒从容，在谈笑风生中化解诸多难题；有的人则总是忙忙碌碌，终日不闲，但到头来还是一事无成。当今社会，竞争日趋激烈，如果只靠一腔热血、满腔热忱，是很难获得成功的，即便登上了成功的顶峰，其所走过的路也是异常艰难。

一些人之所以能轻松地获得成功，是因为他们比一般人多了一些心机，做事的时候多了一些心计。带着心计办事，既能防止别人的明枪暗箭伤害自己，又能提高自己的适应力和竞争力，让成功之路愈加平坦。

看破不说破，明白不表白

人非圣贤，有时难免做一些不适当的事。在这种情况下，你就要把握好指责他人的分寸，看破别人的心思也不要点破，要为对方保留面子。

在交际中，一般应尽量避免触及对方的敏感区，避免使对方当众出丑。心理学研究表明，每个人都不愿自己的错误或隐私在公众面前"曝光"，一旦出现这种情况，就会感到难堪或恼怒。

当然，必要时可委婉地暗示对方的错处，给他造成心理压力，但切不可当众曝光。

任何人知道了别人不知道的事，难免会产生一种优越感，对于这种旁人不及的优点，我们必须将其隐藏起来，以免招祸。

齐国有一位名叫隰斯弥的官员，住宅正巧和齐国权贵田常的官邸相邻。田常为人深具野心，后来欺君叛国，挟持君王，自任宰相执掌大权。隰斯弥虽然怀疑田常居心叵测，不过依然保持常态，丝毫不露声色。

一天，隰斯弥前往田常府第进行礼节性的拜访，以表示敬意。田常依照常礼接待他之后，破例带他到邸中的高楼上观赏风光。四周风景一览无余，唯独南面的视线被隰斯弥院中的大树所遮挡，于是隰斯弥明白了田常带他上高楼的用意。

隰斯弥回到家中，立刻命人砍掉那棵遮挡视线的大树。

正当工人准备砍伐大树的时候，隰斯弥突然又命令工人停止砍树，他道出了其中的奥妙："能看透别人的秘密并不是好事。现在田常正在图谋大事，就怕别人看穿他的意图，如果我按照田常的暗示砍掉那棵树，只会让田常感觉我机智过人，对我自身的安危有害而无益。不砍树的话，他顶多对我有些埋怨，嫌我不能善解人意，但还不致招来杀身之祸。"

在人际交往中，有的事不必弄得太明白，即使心里明白，也不一定非得说出来。适时地糊涂一把，有百益而无一害。

能透视对方的内心，只不过是使你得到一种有力的武器罢了，更重要的是，你要懂得如何使用抓在手中的这把利器。如果胡言乱语，到处宣扬，就很有可能伤害到自己。

宁得罪君子，不得罪小人

在工作和生活中，遇到一些给自己穿小鞋的小人时不要惊慌。他或许要靠踩着你的肩膀往上爬，或许要靠欺骗你达到他的目的，或许仅仅是因为嫉妒而想排挤你。在与小人打交道时，最好不要轻易招惹、得罪他们，否则本来好好的事业被小人一陷害，就会前功尽弃。

论实力，小人并不强大，但他们不择手段，什么下三烂的招数都可能使出来。纵使赢了小人，你也会付出代价，惹得一身腥。小人得罪不起，与其和他硬碰硬，不如来点儿软的。

在一家对外贸易公司里，几乎所有人，包括领导在内都曾受过公司里小人的诋毁，唯独为人正直的赵小强是公司中得以幸免的人，因为他有一套对付小人的办法。

有一次，公司老总派赵小强洽谈一个重要的合作项目，并告诉他说："你要用人，公司职员随你挑选。"

赵小强回答道："我没有其他过多的需要，只是请求让马亮与我一起同行。"

这个要求倒是把老总给弄糊涂了。因为马亮的狡猾和贪婪在公司里是有目共睹的，他不仅喜欢抢风头，还喜欢争功名。总之，小人的特点全在马亮身上体现出来了。

赵小强看着一脸疑惑的老总说道："这次谈判对公司来说

很重要，我在外，需要公司内部给我提供大量信息和全力支持，这件事要是做好了，事情也就成功了。本来马亮就插手了这件事，现在难保他不眼红，就怕他暗中作梗，那样岂不坏了大事？要是我把他放到自己的眼皮底下，派他点儿用场，分他点儿功名，就能堵住他的嘴，再则他还是很精明能干的，并非一无是处……"

老总听后明白了赵小强的良苦用心，知道赵小强是给马亮机会表现自己，更是给马亮甜头，让马亮知道自己应该做什么，于是连连点头称赞。

俗话说："宁得罪君子，勿得罪小人。"你也许经历过一些不公平的事，许多正直的人不屑于和小人为伍，最后却栽在这些小人手上，甚至一败涂地。赵小强对待小人的思路和方法确实值得借鉴和学习。你给那些小人一点儿甜头，自然会化那些阴险招式于无形，同时也会让你的生活和工作更加顺利。

除了赵小强的方法外，在处理和小人的关系时，还应该注意以下几点：

1. 保持距离。别和小人过度亲近，保持淡淡的关系就可以了，但也不要太过疏远了，好像不把他们放在眼里似的，否则他们可能会给你整出点儿乱子。

2. 不得罪他们。一般来说，小人比君子敏感，心理也较为自卑，因此你不要在言语上刺激他们，也不要在利益上得罪他们，尤其不要为了正义而去揭发他们，那只会害了你自己。

3. 吃些小亏无妨。小人有时也会因无心之过而伤害你，如果是小亏，就算了，因为你找他们不但讨不到公道，反而会结下更大的仇。

4. 不要有利益瓜葛。小人常成群结党，形成势力，你千万不要想靠他们来获得利益。因为你一旦依靠他们得到利益，他们必会要求相当的回报，甚至黏着你不放，到时候你想脱身都不可能！

妥善处理好与小人的关系，可以让我们在人生路上走得越来越顺。

懂得变通，不通亦通

生活中很多人会告诉你，做事要有恒心，要有韧劲儿，这没错。但是，很多时候你会因此而固执己见，最终一条道儿走到黑。事实上，坚持一个方向走到底是不太现实的，就像你开车，不可能总是方向不变，而是需要不时地调整方向。

有时候，环境变化得太快，你就得另辟新路，否则你必然会栽跟头。每个人都有他存在的价值，关键看你能否找到真正适合自己的道路。

没有规矩，不成方圆，生活离不开各种各样的规矩，有些规矩我们应当遵守，但是完全照旧规矩办事的人同机器人又有何区别？

随着时代的发展，一些规矩必然要被打破，而能够做出这些改变的人往往能够做出一番事业。

三国时期的诸葛亮是有名的政治家、军事家。诸葛亮年轻时与庞统、徐庶等人一起师从水镜先生。水镜先生要求极为严格，一日出了道考题给他的几名弟子，考他们如何想办法在午时三刻前让水镜先生允许他们出庄。

徐庶凄苦一笑，双手一摊，没辙了。

庞统比较滑头，嬉笑着说："让先生允许我离庄，实在拿不出办法，但如果弟子在庄外，则一定有办法让先生允许我进庄。"

水镜先生一听，板起脸说："这点儿小聪明也想诓我，一旁站着去吧！"

众人都忙着考试，唯独诸葛亮伏在桌上睡大觉，待师兄弟将他推醒，午时三刻就要到了。师兄弟带着几分幸灾乐祸的神情望着他，那眼神似乎在说：看来，你也没啥能耐。

只见诸葛亮揉揉双眼，一脸怒气，突然一个箭步冲上前去，一把抓住水镜先生的衣襟，高声呵斥道："哪见你这样的先生，净用无理的歪题整弟子，我不学了，还我 3 年学费！"

众人见诸葛亮要蛮发横，顿时慌了手脚。水镜先生遭受羞辱，也气得直发抖。先生急命徐庶、庞统："把这小畜生给我逐出去！"

诸葛亮站着不走，非要拿回 3 年学费不可，徐、庞二人费尽气力，才把诸葛亮拖出庄去。

一出水镜山庄，诸葛亮便哈哈大笑起来，随即折身回到水镜先生跟前跪下，谢罪道："适才为了考试，无奈中冒犯先生，万望恕罪！"

水镜先生听罢，转怒为喜。就这样，诸葛亮通过了考试。

与此同时，徐庶、庞统借光出了庄门，考试也算合格了。

古人除天伦应尽的孝道外，特别重视"师道"，因此有所谓"一日为师，终身为父"的感言和"尊师重道"的理念。

正因为如此，弟子从不敢对师不敬。细考诸弟子的答案，都有一个明显缺陷——冲着考题内容而来，目标指向都很明确——我要出庄（传统考试习惯束缚了他们）。这一切自然都在水镜先生意料之中，当然也就无法得逞。

懂得变通，打破常规的束缚，使诸葛亮轻松通过了考试。在生活中，我们也要运用变通的思想，开辟人生的新局面。

王强在上小学时成绩很差，他的数学和外语很差劲儿，生性又很顽皮，是个令人感到头痛的少年。

王强的家里很有钱，所以他父亲想让他进入最好的高等学府。可是他的成绩无法进入大学，因此不得不去报考差一点儿的二流学校，可是他竟然也名落孙山。他在家过了两年补习生活，也请过家庭教师，但还是考不上。到了第三年才好不容易考上，而且是最后一名。

很多人认为像王强这样的人，外语与数学成绩不好，又是不良少年，他是不可能成功的。可是，任谁也想不到，在十几年之后，他竟成为当地的模范企业家。

如果你有自知之明，就不要一条道走到黑，此路不通彼路通，善于设计自己的将来，从事你最擅长的工作，你就会获得成功。

世上没有一成不变的生意，只有一成不变的做生意的智慧。做生意是为了赚钱，要想把生意做大，需要在不同的时期把握不同的商机，而不应死守一种思路创业。

有必要利用一些诱饵

在商务往来中，为了在竞争中取胜，如果有必要的话，不妨利用一些诱饵，当对手吞下香饵之时，他将放弃抵抗，乖乖就范，为你所用。同时，要小心别人为你施放的诱饵，切勿因小利而让自己成为任人宰割的对象。

汉高祖刘邦在天下大定之后，在一片等待论功行赏的气氛当中，却只先分封了20多名功劳不大的部将。其他在他眼里说大不大、说小不小的部将，如何分封都还在斟酌考量中。

那些自恃功劳不凡的部将无不伸长脖子，望眼欲穿，而且生怕论功不平、赏赐不公，天天红着眼珠，大眼瞪小眼，一个个焦虑难安。不仅同僚之间钩心斗角，与刘邦之间也衍生出相当紧张的气氛。

刘邦非常苦恼，于是便唤张良前来，想听听他的想法。

张良有些沉重地回答说："陛下来自民间，依靠这些人打得天下。过去大家都是平民百姓，平起平坐。现在你成为天子之后，先分封的人大部分都是世交故友，所诛杀的都是关系较疏远的人，不然就是得罪你、让你看不顺眼的人。这样下去，难免会有人心生反意。"

刘邦听了之后，面色凝重，便问张良如果真有这么严重，该怎么办？

张良想了一下，便先反问刘邦说："在这些一起打天下的部将当中，你最讨厌的人是谁？这个人不被陛下喜欢的原因，最好又是大家所熟知的事。"

刘邦回答说："雍齿常常捉弄我，他是我最讨厌的人，我想这也是大家早就知道的事情。"

张良马上提出建议："那么，今天就先将雍齿封为王侯。这样一来，就可以解除一些不必要的疑虑，安定大家的心了。"

刘邦采纳了张良的建议，立刻宣布将雍齿封为"什邡侯"。

这件事果然产生了良好的效果。在这些人看来，连皇帝最讨厌的人都有糖吃了，我们还有什么好担心的呢？于是，君臣之间的紧张关系自然得到了暂时的缓解。

一个小小的官职让昔日不满刘邦的雍齿从此死心塌地，甘为刘氏天下效犬马之力。讨好一个人容易，控制一个人困难。但从张良这个妙计看来，其实并非如此，只要抓住对方的心理，洞察对方内心的想法和需求，而后讨好他，或者在某件事上给予对方一点儿好处，投下一个诱饵，对方就会从心理上贴近、跟从你，这时你就可以牵制对方的思想，为己所用了。

有人说，人都是利益的动物。虽然有失偏颇，但诱饵有时确实能产生神奇的效果。在生意场上，巧施一些诱饵，就能放长线钓大鱼，让财源滚滚而来。

善于协调，而非刻意讨好

老子说："善为士者不武，善战者不怒，善胜敌者不争，善用人者为之下。"（《道德经·第六十八章》）意思是说：善于为帅者，看不出武勇的样子；善于作战者，不轻易动怒；善于获胜者，不跟敌人舍命搏斗；善于用人者，对别人总是很谦逊。

以上都是"不争之争"的方法，老子对此给予了高度评价：这叫作借助别人的力量成就自己的力量；这叫作顺应天道，妙合自然；这是自古以来最好的方法。

在这里，老子并非纯粹讲兵法，它不仅可以用到军事上，也可以用到人生竞争的各个方面。

在生活中，我们经常能看到这样的领导人：

从外表看，平平常常，既谈不上英俊，也谈不上丑陋，不过倒是慈眉善目、和蔼可亲，并不令人讨厌。从才能看，平平常常，或者说，你根本不知道他到底有无才能，因为你极少看见他亲自办理具体事务，也很少听见他发号施令。从个性看，平平常常，你根本看不出他有什么明显的倾向，搞不清他到底喜欢什么、讨厌什么，也从没见他发过脾气。从工作看，平平常常，他每天就是坐在那里打打电话，签个字，偶尔召开一个会议，也没见他做多少事。奇怪的是，在他的领导下，整个团队的工作却一切运转正常，业绩良好。

这样的领导人看起来平平常常，其实是真正的高手，属于老子所说的"不武""不怒"一类。虽然"不武""不怒"，却善于"胜敌"。在团队竞争方面，由于他为人谦逊，乐意让下属表现才干，"善为之下"，所以，下属乐于效力，充分发挥潜力，整个团队的竞争力很强；在个人冲突方面，他也同样善于"胜敌"。比如某个员工心怀不满，气势汹汹地跑来找岔子，他一路"太极拳"打下来，这位员工马上消了气，眉开眼笑地走了。最低限度，也被他搞得晕晕乎乎，对自己的做法是否正确产生怀疑。

请看一个故事：

唐朝张宰相担任刺史时，跟本州参军关系不睦。参军总想找机会给刺史制造麻烦。有一天，刺史的家童骑着马，匆匆从参军身边经过，没有下马请安。这在当时是失礼行为。

参军假装大怒，追上去，将家童拉下马，用皮鞭一顿猛抽，打得皮开肉绽。然后，他提着马鞭来见刺史，叙述经过后，说："我打了您的家童，请让我走吧！"

这等于将了刺史一军：如果刺史不同意他辞职，等于输了一招；如果同意他辞职，又有公报私仇之嫌，反而被他抓住把柄。

这时，刺史不动声色，淡淡地说："奴才见了官人不下马，打也可以，不打也可以；官人打了奴才，走也可以，不走也可以。"

参军不知所措，站在那里想了半天，不知道刺史认为他打得对还是不对，不知道刺史让他走还是不让他走。他默思半晌，说不出一句话，只得躬身告退。自此，他再也不敢找刺史的麻烦了。

这位刺史可以说是一个平平常常的高手，他既没有大发雷霆，也没有运用某种聪明的手段，三言两语，就达到了"胜敌"的效果。

那些平平常常的高手，往往都有某种超凡之处，只是我们不容易看到罢了。那些优秀的领导者，表面看脾气温和，但涉及原则问题，却是寸步不让，甚至不惜身家性命来维护团队的原则。这就不是一般人能做到的了。

晏子是齐国名相，别看他只是一个文弱书生，在大是大非面前，却有超常的勇气。那时齐国权臣崔杼谋反，控制了国政，并召集朝中大臣们在自己家里歃血为盟。他指天发誓说："不亲附崔氏而亲附齐国公室的人，将遭天打雷劈！"

不少大臣都按照崔杼的话发了誓。轮到晏子时，他低下头含了血，也指天发誓："不依附齐国公室而亲附崔氏的人，将遭天打雷劈！"

崔杼勃然大怒，用矛顶住他的胸膛，用戟钩住他的脖子，威胁道："你还是把话改回去吧，这样我就会和你共享齐国。你要是不改的话，哼哼，你应该知道后果！"

晏子面不改色心不跳，镇定地说："崔杼，你难道没有学过《诗》吗？《诗》中说：'密密麻麻的葛藤，爬上树干枝头。和悦近人的君子，不以邪道求福。'君子不以邪道求福，那我更不能够如此。你考虑一下我的话吧！"

崔杼想了想，叹息道："这是个贤德的人，我不能杀死他！"于是把晏子放了。

晏子以为人机智、善于变通著称，历史上留下了不少有关其高超智慧的故事。为什么他面对崔杼时，却以硬碰硬，不思变通呢？因为原则问题是不可以变通的。

总之，优秀领导者胜在结果上，而不是胜在傲气上。这正是他们最可贵的地方。

路留一步，味让三分

明代作品《菜根谭》中有句话说："人情反复，世路崎岖。行不去处，须知退一步之法；行得去处，务加让三分之功。"这句话的意思是：人情反复无常，人生之路崎岖不平。在人生之路上，如果前行受阻，就要懂得退让一步；在走得过去的地方，也一定要给其他人三分的便利，这样才能逢凶化吉、一帆风顺。

路留一步，味让三分。如果我们这样做了，不仅是给别人留一条活路，也会在无形中拓宽自己的人脉。因为今天你让了他一步，明天你遇到困难的时候，他会还你两步，这也等于得到了一个好朋友，在社会上打开了一道通往成功的方便之门。

如果你不懂利益均沾原则，自己将所有的好处独吞，那么即使你的才能再出众，成功之路也将崎岖不平、充满风险。而如果你懂得分享，将一部分利益分给他人，让每个人的心理得到平衡，那么，大家肯定会通力合作，协助你完成任务。

但是，有些人却不明白这个道理，他们认为人与人之间的相处，就是一道单项选择题——有你没他，而不是多项选择，是可以实现双赢的。在做事的时候，他们只知道去争斗，哪怕是鱼死网破、同归于尽也在所不惜。这些人永远不知道，在必要时让一步，反而能给自己带来更大的好处。

张鹏是一家公司的中层领导，毕业于海外名校，才能出众，走到哪儿都颐指气使，觉得自己的才能天下第一，而别人都如无用蝼蚁，不配跟自己比。

"我的能力最强，所以理应得到最多。"这是张鹏经常说的一句话，在日常工作中，他所得到的好处从来不与同事分享，每件事都要把头功揽到自己头上。

最初，同事们还不以为然，但时间长了，大家都对张鹏的行为感到不满，并逐渐与他对立起来。这些同事联起手来，结成了同盟，处处和张鹏较劲儿，合力拆他墙角、拖他后腿，处处给他麻烦。

你想，公司的很多工作肯定是需要许多人共同完成的，张鹏在被孤立、敌对起来的情况下，要想做成点儿事情，还能顺顺利利吗？

就这样半年过去了，张鹏的工作实在不能开展下去了，无论做什么事情都会遭到同事们的阻挠，一身才华无法得到施展。他的上级领导对他的业绩也非常不满。到这种地步，张鹏觉得实在无法在公司待下去了，只好向上面打了辞职报告，收拾好东西，离开了。

人与人之间交往，根本问题其实就是利益的分配。懂得利益分配，其实就悟透了人性的本质、社会的真相。

一个人只有懂得了这个道理，才能顿悟成功人士之所以成功的原因。比如，小朋友聚在一起做游戏，其中一个孩子肚子饿了，就从包里拿出好吃的糕点，正好被大家看到。这时他有两种选择：分一些给大家，或者自己独吞。选择是瞬间做出的，却能导致一生截然不同的结果。

如果他选择分给大家，那么小伙伴们因为得到了美食，都很喜欢他、拥护他。从这一刻起，他在这群同龄人中就会脱颖而出，成为这个小团体中当之无愧的领袖，将来成为号召力很强的人。

如果他选择自己独吞，因为糕点是他的，这本身没问题，但大家肯定都拿他当小气鬼，以后就没人愿意跟他玩儿了。这名小朋友不仅失去了一个在团队中当头狼的机会，也失去了其他小朋友的信任。如果他长大之后还不能吸取教训，那么他将来也很难取得成就。

选择决定人生。大凡成功人士，无一例外都懂得分享。也正是因为他们选择了分享，才获得了日后的成功。要知道，并不是所有的事情都是狭路相逢勇者胜，在恰当时机懂得与人分享，可以让大家都得到利益，最后自己也会戴上赢家的桂冠！

第四章

比"尽力"更重要的，是要学会"借力"

　　一个人在社会上打拼，仅凭着一己之力，是很难取得伟大成就的。因为一个人即使能力再强，才华再出众，他的力量也是非常有限的，甚至是非常微弱的。有时候，这点儿微薄之力连自己都保护不了，又怎么能和别人竞争呢？

　　实际上，纵观那些在事业上取得伟大成就的人，在其攀登事业高峰的过程中，贵人相助往往是不可或缺的一环，而他们也更善于借助外界的各种力量帮助自己、成就自己。借风腾云、借力打力，一个人只要把握了借力的核心，就很容易取得成功。

人在江湖飘，单打独斗是错招

　　现实生活中，英雄难过熟人关。有了熟人，才有人情，有了人情，才好说话，才有人脉关系，才能把别人难办的事顺利办成。

　　做公关的赵小姐想找人帮忙介绍一位报社记者，想来想去，只有找校友小李合适。说起来，她们两个也算是"同学"，当时在一个学校学习，只不过专业不同，在大二时的一个社团里认识的，毕业之后就很少联系。

　　小李接到"叙旧"电话，当然很意外。聊了一会儿，赵小姐便说出了自己的情况——她刚刚开始做公关，手头正好有个项目，这个项目的市场竞争很激烈，而且时间很紧，也很重要。

了解了大致情况后，小李便推荐了合适的记者给她。这个记者跟小李的关系不错，而且还比较容易说话。

在记者的电话到手时，赵小姐千恩万谢。一个多月后，赵小姐又给小李打来电话，说要请她吃饭，因为她介绍的那个记者帮了赵小姐大忙，促使这次的公关活动做得很成功。

一项很有趣的研究表明：任何人和世界上的任何一个人之间的距离只隔着四个人，不管你和对方身处何处，哪个国家，哪个人种，何种肤色。而且前提是这六个人之间肯定有着理所当然的关系。

不用惊奇，构成这个奇妙六人链中的第二个人，很可能就是你认识的人，也许是你的父母，也许是你的同学，更有可能是在公司里做清洁工的阿姨。由此而言，人脉其实很好建立。有了人脉关系，关键还在于你是不是会用。

马奇是一名刚刚毕业的留学生，想回国发展，但是找了很多份工作，都没有成功。

有一天，马奇在网上看到一家跨国公司在中国区招聘一个职位，他觉得这个职位十分适合自己，但是应聘这个岗位的人又太多，他认为仅凭自己单枪匹马地去竞争，成功的概率太小。

这时，马奇想起在校友录上曾看到过一位学长是这个公司的高层，于是他连夜写了一封电子邮件，发给了这位素未谋面的学长。在这封信中，马奇强调自己和他是校友，也是某某大学的应届毕业生，很希望学长能给他一次机会，并附上了一份自己的个人简历。

当时马奇并没有抱多大的希望，心想即使那位学长回信，也无非是一些官话套话而已，不可能马上就给他答复。

没想到一天之后，那位学长竟然给马奇回复了，回复的结果出乎马奇的意料，让他有点儿不敢相信。信里说让马奇在第二天直接参加面试，并且还为他附上了一些成功的祝福语。

最后，马奇取得了这个职位。显然，他与学长的校友关系起了关键作用。

在中国这样一个重视人情礼仪的社会里，人脉关系起到的作用是相当大的。有人脉就好办事，有关系就好说话。因此，做事要善于建立和利用人脉关系，这样办事就能顺顺当当，即使是难办的事也不在话下。

双赢，为人处世的最高境界

当你看到两位对弈者时，你就可以说他们正在玩"零和游戏"。因为在大多数情况下，总会有一个赢，一个输，如果我们把赢棋者计算为 1 分，而输棋者计算为 -1 分，那么，这两人得分之和就是：$1+(-1)=0$。

这个等式表明，游戏者有输有赢，一方所赢正是另一方所输，游戏的总成绩永远是零，这就是"零和游戏"的基本原理。

零和游戏原理之所以广受关注，主要是因为人们发现在社会的方方面面都能发现与"零和游戏"类似的局面，胜利者的光荣后面往往隐藏着失败者的辛酸和苦涩。从个人到国家，从政治到经济，似乎无不验证了世界正是一个巨大的"零和游戏"场。

有这样一个生意人，他收购玉米再卖给别人，从中赚取差额，第一年赚了一大笔钱，尝到了甜头之后，第二年还做收购玉米的生意，但是第二年的生意很冷清，一方面是由于很难找到愿意将玉米卖给他的农民，另一方面是找不到愿意买他玉米的客户。

原来第一年做生意的时候，他不但对那些卖给他玉米的农民在价钱上克扣、短斤少两，让农民赚得很少，而且在向那些客户卖玉米的时候也非常刁钻。所以打过一次交道后，不论是农民还是客户都不愿意再跟他合作了。

不难看出，如果一个人在与别人打交道的时候只顾自己赢利，势必会让别人心生不快。所以，人要在得到东西的同时付出东西，把"双赢牌"蛋糕做大，让别人也有份，这样人家欠了你的情，日后自会鼎力报答你。

双赢是现代社会倡导的一种合作方式，做事情的时候，多考虑别人的利益，站在别人的角度考虑问题，不仅能赢得对方的信赖和好感，还能为今后的合作打下基础。如果处处为对方着想，就能获得更多的合作伙伴，自己今后的发展之路就会更宽。

李伟是一位会计师，满怀雄心壮志的企业新贵，凡事精打细算，不浪费任何资源，不放弃任何机会，要让自己随时保持在优势状态，无论大、小事情，绝不让他人占自己丝毫便宜，他甚至还运用了一些神不知、鬼不觉的手腕，把许多同业人士压在自己底下，以确保自己的地位。

果然，李伟获得了丰厚的收入，占尽了所有的好处，成了一个高高在上的商场大亨。可是他并不快乐，总觉得生活中好像少了点什么，于是他越来越郁闷，笑容越来越少，最后得了轻微的抑郁症。

他去看心理治疗师，治疗师在了解了他的情况后，建议他去帮助一个身旁的人，两个礼拜后再来复诊。李伟觉得莫名其妙，但还是把处方单拿回家了。

两个礼拜以后，李伟又来到治疗师面前，但这次却是堆满笑容地推开了门。

"情况怎么样？"治疗师问。

李伟开心地回答："真是太奇妙了！当我付出时间、精力，同他人一起分享劳动的果实时，居然得到一种说不出口的欣喜感呢！"

由此可见，即便一个人每回都能在竞争中占到上风，谋取自己利益的最大化，他也未必就是最大的赢家。而通过有效合作，通过帮助他人，皆大欢喜的情况便可能出现。

在企业中，老板要依赖员工，却也要管理员工；员工要依靠老板，却也要协助老板。所以说，老板和员工相辅相成的关系势必就注定了双方之间的博弈关系。跟老板开口，就是对这种博弈关系善加利用的艺术。如果在某些必要的时刻，你不得不和老板谈判，怎样的博弈方法是最恰当最适用的？怎样将老板和员工之间原本对立的局面转换到"双赢"局面？

戴明是某咨询公司的 IT 工程师。这家公司刚刚起步，人手不够，他是新公司的第一名员工。

戴明很想为这家咨询公司的发展效力，也考虑到以后公司要涉及海外业务，于是就决心要把英文学好。但是他刚毕业不久，目前也是"穷光蛋"一个，除去租房、日用开销，工资几乎所剩无几，上英语课的费用自是不想由自己来承担。

戴明跟老板沟通过，希望由公司来支付学习英语的费用。由于老板本人也是一个英文爱好者，也正在学习英文，对此表示十分理解。在谈完条件后，双方最终达成协议：戴明以每天更多的工作时间来回报公司为他支付的学费。

现在，老板每天都请英文老师来跟戴明对话、教他英文，而戴明所付出的代价是每天工作将近15个小时。由于公司处于创立的初期，的确是一个非常时期，也需要人手来从事高强度的工作，所以戴明的贡献对公司还是很重要的。就这样，他以自己的付出实现了和老板的双赢。

可见，做事有时候就如坐跷跷板一样，不能永远固定某一端高，另一端低，而是要高低交替，这样整个过程才会好玩，才会快乐！一个永远不肯吃亏、不愿让步的人，即便真讨到了不少好处，也不会快乐。因为自私的人如同坐在一个静止的跷跷板顶端，虽然维持了高高在上的优势位置，但整个人际互动却失去了应有的乐趣，对自己或对方都是一种遗憾。

在合作中不要耍小聪明，不要总想占他人的便宜，而自己却不肯付出任何代价。要遵守"要竞争也要合作"的游戏规则，否则"双赢"的局面就不可能出现。

自己走百步，不如贵人扶你走一步

社会如同一张网，交织点都由人组成，我们称为人脉。贵人就是人脉中承上启下的交织点。没有贵人，你的"网"就无法伸展。

贵人是你的"福音"。一个人要想成功，往往离不开贵人的鼎力相助。贵人给予我们的一次扶助、一次机会、一句话甚至一个眼神，通常都不是我们用聪明、努力或者金钱可以替代的。

因此，寻找贵人，依靠贵人，常常能够缩短你的奋斗时间。寻觅自己的贵人，并充分挖掘其内在的潜能，会为你的一生带来好运。

刘勰是南朝梁时期的文学理论批评家，他很小的时候就失去了父亲，生活极为贫穷，但他笃志好学、博经通史，《文心雕龙》是他的代表之作。

刘勰生活的年代盛行门阀制度，一个人出身的贵贱决定了这个人在社会上的地位高低，像刘勰这样出身低微的平民，自然默默无闻，无人知晓，因其社会地位，《文心雕龙》写成后也根本得不到重视。但刘勰本人十分自信，深知自己著作的价值，不愿意看到用心血写成的书稿湮没，决心设法改变这种局面。

沈约是当时的文坛领袖，有着很高的声望，刘勰想请他评定写成的《文心雕龙》，借以赢得声誉。但是沈约身为名流，哪能轻易见到？

刘勰于是想出了一个主意。一天，刘勰事先打听到这几天沈约有事外出，于是背上自己的书稿，装成卖书的小贩，早早地等在离沈府不远的路上。当沈约乘坐的马车经过时，刘勰乘机兜售。

沈约喜欢读书，当即停下来，顺手取书一阅，见是自己没有读过的书，便随手翻阅起来。这一看，沈约被深深地吸引住了，当即买了一部带回家去，放在案头认真阅读。在以后上流社会举行的聚会中，沈约还不时地向别人推荐这本书。当时文坛的人见沈约对这本《文心雕龙》如此推崇，大家群起效仿，争相传阅，刘勰很快名声大噪。

假如没有沈约的赏识，我们也难以知晓刘勰是何许人也，更不知道还会不会有传世名著《文心雕龙》。

由此看来，找到一个乐意帮助你的贵人，能够大大缩短你的奋斗时间。

在现实生活、工作中，每个人都不可避免地要与人打交道，或是亲朋好友，或是上司同事，或是与陌生人从不相识到相识。人生是一篇大文章，有时借助贵人帮助，可以把这篇文章写得气势磅礴。

生意场上，初创业者往往起步艰难，如果能得到事业有成的人的帮助，一定会飞得快，跑得远。因此，你的交际圈子中有几位贵人为你"呼风唤雨"是非常重要的，但你该如何与他们接触，并让他们喜欢你呢？

在胡雪岩的商业经营活动中，他十分注重借势经营，与时相逐。他的商业活动，十有八九是围绕取势用势而展开的。他从不放弃任何一个取势用势的机会，从而不断地拓展自己的地盘，张扬自己的势力。

胡雪岩总结出自己的一套商业理念，即"势利，势利，利与势是分不开的，有势就有利。所以现在先不要求利，要取势"。

在胡雪岩第一次做丝茧生意时，就遇到了和洋人打交道的事情，并且遇见了洋买办古应春。二人一见如故，相约要用好洋场势力，做出一番规模。

胡雪岩在洋场势力的确定，是他主管了左宗棠为西北平叛而特设的上海采运局。上海采运局可管的事体甚多，牵涉和洋人打交道的，第一是筹借洋款，前后合计在 1600 万两以上；第二是购买轮船机器，用于由左宗棠一手建成的福州船政局；第三是购买各色最新的西式枪支弹药和火炮。

由于左宗棠平叛心坚，对胡雪岩的作用看得很重，凡洋务方面无不要胡雪岩出面接洽。这样一来，逐渐形成了胡雪岩的买办垄断地位。洋人看到胡雪岩是大清重臣左宗棠的可信之人，所以也就格外巴结。生意一做就是二十几年，这也促进了胡雪岩在洋场势力的形成。

洋人认准了胡雪岩，不太相信不相干的人。江南制造总局曾有一位买办，满心欢喜地接了胡雪岩手中的一笔生意，却被洋人告知，枪支的底价早已开给了胡雪岩，不管谁来做都需要给胡雪岩留折扣。

综合胡雪岩的经商生涯看，其突出特点就在他善于借助"贵人"。人不是凭单独一己之力成功的，持有凭一己之力便能成功的想法，那是夜郎自大。

个人的力量毕竟有限，能成功的人往往懂得如何借助别人的力量。当他遇到困难，非自己能解决时，就懂得如何获得贵人的援助。

为了梦想，你要睁大眼睛，学会观察周围的人，不停地寻找一切对你有帮助的不平凡的贵人。每一个不平凡人的不平凡人生，都是一部奇书，你要学会阅读这一部部奇书。

如果这样，你将会惊讶地发现周围有很多不平凡的人，他们都将给你的人生以莫大的帮助。

牢记"借"字诀，加法成大事

"借"，既指借助别人的智慧，也指寻找有用的社会资源。

"借"是一种非常高明的智慧，它能够使一个人的力量变得极为强大，进而成就自己的事业。由于一个人的价值判断、社会历练、人生经验总是受到环境的影响而呈现出不足之处，因此必须从别的地方借用过来。

在这个世界上生存，没有人能样样精通，也很少有人能单独完成某一件事情，尤其是一件大事。因此，我们就要大胆地借用别人的智慧，把它们转化为自己的智慧；也要在社会上寻找有用的社会资源，赢得别人的支持，建立自己的关系网。即使自己是平庸的人，只要善于运用"借"字诀，就可以让我们成功，或者更快地成功。

黄河经常决口，造成水灾，历朝历代的政府都将治理黄河、堵塞决口当作一件大事来抓。在和黄河水患的斗争中，锻炼出了一批有丰富经验的水工，北宋庆历年间的高超便是其中一个。

庆历八年（1048）六月，黄河在大名府的商胡（今河南濮阳）决口，水势异常迅猛，很长时间也没有堵住。宋仁宗让管理财政的三司度支副使郭申锡亲自去监督修河堵口工程。

以往堵决口的经验是：在决口接近合龙的地方，放置一种特殊的大型的堵塞物，叫作合龙门，通常用木、苇、竹、草等物并杂以碎石、土块捆缚做成，大约有六十步长，好像一个巨大的人工"堤坝"，被人称为"埽"。

郭申锡到任后，依照老方法，即刻命令河工将埽的两头扎上大缆绳，把它置入决口之中。不料却始终无法成功，不是缆绳绷断，就是埽被急流冲走，否则就是压不住水的浮力，埽不能落到河底。一次次努力都失败了，决口却越来越大。

这时，河工中有个叫高超的年轻人，毛遂自荐，说自己有办法。郭申锡听说他识字不多，挖苦说："肚里没几滴墨水，怎会有合龙的好办法？"

高超并不在意郭申锡的挖苦，说道："六十步的埽太长，所以不易将它压到河底，固定它的缆绳再粗也容易绷断，水流当然也难以截断。如果将埽分为三节，三节之中用绳索联结，就会好很多。在合龙时，先放下第一节，等它压到水底，再依次放下第二、第三节。"

高超说完，郭申锡正在思考，一些经验丰富的老河工纷纷叫道："不妥，不妥。二十步的小埽怎么挡得住河水的冲击、渗透？连用三节也断不了水，反而劳民伤财！"

高超说道："第一节埽压下去，河水当然断不了，但水势必定减杀一半。将第二节埽压下去，只要动用一半的人力，这时河水自然还不能完全截断，但水流明显减缓了。到压下第三节时就等于是在地上施工，便当多了。这时，前两节埽都被浊泥淤塞了缝隙，再也不必花费人力去加工了。"

郭申锡听了双方的争论，觉得还是沿用老经验比较可靠，没有风险，于是，断然否决了高超的新建议而采用了老办法，结果埽不断被冲走，决口也越来越大。

当时，河北安抚使贾昌朝认为高超的新法是可行的，便悄悄派了数千人，到黄河下游去打捞郭申锡指挥堵口工程时被流水冲下的埽。拿到证据后，贾昌朝便向朝廷奏了一本。宋仁宗将郭申锡罢了官，而贾昌朝则采纳了高超的新法，很快把决口堵塞住了。

郭申锡因为没有采纳正确的建议而失败，贾昌朝则因为借用了高超的治水智慧而成功。失败和成功，有时候并不在于自己本身有多么高明，而在于是否能够有意识地仔细思考，并且借用别人的智慧。

"三人行，必有我师"，任何人身上都有值得我们学习和借鉴的地方。借用别人的智慧来做事，不仅可以把事情做得又快又好，还可以使我们避免主观和武断，这正是无数成功人士的经验。

东晋的丞相王导很善于治理国事。西晋灭亡后，东晋在南京建立时，国库空虚，银钱匮乏，只有几千匹不值钱的白绢。为了渡过暂时的难关，王导自己先用白绢做了一件单衣穿在身上，还动员大臣们出门上朝也都穿上这样的衣服。上行下效，江南的人们都争相效仿穿起了这种白绢衣服，使得白绢一时供不应求，价格很快就上涨到了每匹一金的价格，而这时，王导就下令将国库中的白绢全部出手卖掉，因此而得到了好几倍的银钱，政府的府库一下就充实了起来。

实际上，王导一直以来都擅长利用名人的影响力来办事。以前，晋元帝司马睿还只是琅琊王。王导经过判断，认为天下已乱，便有意拥戴司马睿，复兴晋室。他劝司马睿不要住在当时的都城洛阳，回到自己的封国去。

但是当司马睿回到建康（今江苏南京）之后，吴地人却并不依附他，过了数月，仍然没有人肯去拜望他。王导苦苦思索，便想到了要借助当地名人的影响力来提高司马睿的威望。

他对当时已有很大势力的堂兄王敦说："琅琊王尽管仁德，但是名声却不大。你在此地很有影响，应该帮帮他。"

于是，他们约好在三月上巳节伴随司马睿去观看修禊仪式。到了那一天，他们让司马睿乘坐轿子，威仪齐备，他们自己则和众多名臣骁将骑马随从。江南一带的大名士纪瞻、顾荣等人见到这种场面，非常吃惊，于是相继在路上迎拜。

事后，王导又对司马睿说："自古以来，凡能称王天下者，都虚心招揽俊杰。现在天下大乱，要成大业，当务之急便是取得人心。顾荣、贺循二人都是此地名士之首，把他们吸引过来，就不愁其他人不来了。"

司马睿听了王导的建议后，就派他亲自登门拜请顾荣、贺循等人，这些人也都欣然应命前来拜见司马睿。

结果，因为受他们的影响，吴地士人、百姓从此都慢慢归附了司马睿，正是在此基础上，东晋王朝最终得以建立。

王导一开始利用人们崇拜名人、追慕时尚的心理，解决了政府的财政困难问题。如果他不这么做，认为自己身居高位，想要用行政手段去销售粗布，甚至是强行募捐钱财，势必会引起人们的反感，尤其对于一个新生的政权来说，就更是如此，正是因为名人的影响力，才能让他收到圆满的效果。同时，他也善于借用

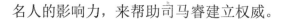

名人的影响力，来帮助司马睿建立权威。

平日积攒人情，关键时刻才有力可借

人是感性动物，当然都难逃脱"人情债"。成功人士都善于投资"人情生意"，让别人欠下他一笔永远也偿还不了的人情债。

所谓人情投资，就是能够在人情世故上多一份关心，多一份相助。俗话说得好，在家靠父母，在外靠朋友。在社会上生存就得学会做"人情生意"。

李先生是杭州一家笔庄的老板。1989 年在杭州创业时，他在经济上十分窘迫。即使如此，他也没有放弃，而是经常出没于杭州的各个画廊、美术院校，只要有机会就给别人看他的笔。

一天，李先生在一个画廊里遇见了一家画院的院长。李先生看院长气度不凡，就拿出一支上好的鸡毛笔要送给院长，院长看后感到很惊讶。这次巧遇使院长对他的笔产生了浓厚的兴趣，以笔会友，两个人在研究笔的过程中结下了深厚的友谊。

为了让更多的人了解他的笔，院长决定帮他开一个笔会，并免费提供场地。通过笔会，李先生认识了画院更多的朋友，时间久了，李先生的笔庄在杭州渐渐闯出了名气。

不久后，李先生将他的笔庄开在一个冷清的文化用品市场二楼的拐角里，气氛虽然冷清，但李先生却有他的目的。喜欢毛笔的人都是一些文人，不喜欢很热闹的地方，书法家、画家来这儿一看就会觉得比较高雅，地方也比较宽敞。

如今，李先生已经拥有两个笔庄、一家工厂，每年制作销售毛笔四五万支，他正走在成功的创业路上。

其实，做生意投资人情，谈的就是一个"缘"字，彼此能够一拍即合。要保持长期的相互信任、相互关照的关系并不那么容易，成功的人仍然需要不断进行"感情投资"。

相互最仇视的对手，往往原先是最亲密的伙伴。反目成仇的原因，恐怕谁也说不清，留下的都是互相指责和怨恨。走到这一步是一些人忽略了投资"人情生意"的结果，甚至已经忘掉了这一点。

人情储蓄，不仅仅是在欢歌笑语中和睦相处，更是要在困难挫折中互相提携。有的人在无忧无虑的日常生活中，还能够和朋友嘻嘻哈哈地相处，一旦朋友遇到困难，遭到不幸，他们就冷落疏远了朋友，友谊也就烟消云散了。

这种只能共欢乐不能同患难的人，不仅是无情的，更是愚蠢的。因为他们的自私会让自己的人情储蓄为零，会让自己日后的人际关系道路越走越窄。

所以，当朋友遇到困难的时候，我们应该伸出援助的双手。当朋友生活上艰窘困顿时，我们要尽自己的能力，解囊相助。

对身处困难之中的朋友来说，实际的帮助比甜言蜜语强一百倍，只有设身处地地急朋友所急，想朋友所想，才能体现出友谊的可贵，让这份交情细水长流。

当朋友遭遇不幸的时候，如病残、失去亲人、失恋等，我们要用关怀去温暖朋友那冰冷的心，用同情去安抚朋友身上的创伤，用劝慰去平息朋友胸中冲动的岩浆，用理智去拨散朋友眼前绝望的雾障。

当朋友犯了错误的时候，我们应该表示理解并尽可能地给予帮助。一般来说，朋友犯了错误，自己感到羞愧，脸上无光。有些人常担心继续与犯了错误的朋友相交会连累自己，因此而离开这些朋友，其实这种自私的行为很不可取。真正的朋友有福不一定同享，但有难必定上前同当。

当朋友遭到打击、被孤立的时候，我们应该伸出友谊的双手，去鼓励对方，支持对方。如果在朋友遭到歪风邪气打击的时候，我们为了讨好多数人而保持沉默，或者反戈一击，那我们就成了友谊的可耻叛徒。

一个好朋友常常是在逆境中得到的。假如朋友在遭到打击、被孤立的时候，你能够理解他、支持他，坚决同他站在一起，那么他一定会把你视为一生的挚友，会为找到一个真正的朋友感到高兴。更重要的是，将来某一天如果你需要他的帮助，甚至你有难时没有向他求助，他都会心甘情愿地为你两肋插刀。

总之，人情的赢得往往在关键的时刻，即别人处于困顿的时刻。只要你在关键时刻伸手拉他一把，你就获得了他的好感，为日后储蓄了一笔人情资金。

投资"人情生意"应该是经常性的。在商务交际中不可没有，在其他任何时候、任何地点都不能没有。

人情如同人际关系中的"盐"，缺之一切都会淡然无味。一个有头脑的人应该懂得把人情生意做得恰到好处，这样才能在恰当的时候让人情变为成功的捷径。

善于发挥中间人的作用

请你认真思考这样一个问题：算算你现在一共有多少位朋友？这些朋友都是通过何种渠道或方式认识的？

思考后，你一定会发现，自己现在的许多朋友最初都是朋友的朋友。也就是说，我们通过一些朋友作为"中间人"又认识了更多的朋友。其实，要想扩大人脉圈，就要善于发挥中间人的作用。

谁都知道，没有特殊关系，一般人不会主动将自己的朋友介绍给别人，尤其是在大家非常忙的时候。所以，想认识谁就要主动找熟人，请他帮忙介绍。

比如，当朋友与别人交谈时，你可以主动走上前去同朋友打声招呼，说几句客套话。在一般情况下，他会主动将他说话的对象介绍给你。如果他不介绍，你可以随便问一句："这位是……"他告诉你后，便可与对方说点什么，但不要聊太长时间，否则不但会耽误朋友的事情，对方也会认为你是个不礼貌的人。

因此，简单地说两句之后，你应主动告辞，或者再加上一句："回头我们再聊，你俩先聊着吧。"

如果你去的场合是某单位或某人举办的活动，你可以主动请东道主给你介绍几位朋友。如果人不太多，你甚至可以让东道主把你介绍给大家，然后你就可以与任何一位新朋友交谈了。其他人以为你与东道主关系亲密，也会很高兴认识你。如果你与东道主关系一般，但他既然把你请来了，也会对你的要求予以满足，但前提是你必须主动提出来。

需要注意的是，你开口请人介绍认识他人之后，必须对中间人表示谢意。这样中间人才会乐于帮助你，乐于介绍更多的新朋友给你。

另外，日常生活中，人们总喜欢用"曝光率高"来形容成功人士或知名人士。其实，真正出色的人都懂得利用一切机会让自己在重要场合"抛头露面"，因为这样可以让更多的人认识自己，扩大自己的影响力，提升知名度。

由于在重要场合"曝光"时需要面对很多人，有认识的，也有不认识的，所以对个人来说，这是需要很大勇气的。想做到这一点，必须克服胆怯、羞涩的心理，要对自己充满自信，讲话或办事应当底气十足，这样才能赢得更多人的青睐。

平时我们应该多关注身边的各种仪式，积极参加。例如，你的公司因职员有红白喜事而举行的仪式，因有人要出国或退休而举办的派对，因有人得到提升或费尽周折挖过来某个能人而举行的欢庆，或因解决了一个大难题而举办的小小庆典……这些都是你"曝光"自己的好机会。

尽量多参与这类活动，并在这些场合适时地展现一段精彩的演说，或者送点什么礼物，举止得体，保证不显尴尬、不出洋相，你的个人形象、知名度一定会增色不少。

当朋友举行婚礼的时候，你也可以借此机会，在朋友的亲人及朋友面前"曝光"自己。

一般而言，这种情况下大家还不认识你，那么，你不妨在婚礼正式开始前向新郎新娘及其父母们做一番自我介绍，说说你是谁，为什么会来参加婚礼，代表谁来的等，然后呈上你的礼物，并祝福新人。这样他们一定会对你的举止印象深刻并心存感激。

婚礼开始后，你可以在享受这种喜庆聚会的气氛和环境中，观察一下周围形形色色的人，通过聊天、献歌或敬酒等行动，让自己充分"曝光"，使更多的人认识你。

除了主动去参加别人的活动外，你还可以自己组织聚会，如生日宴会、孩子满月、乔迁新居等。一旦你成为聚会的主人，就应好好计划一下，或者将它委托给某个具有丰富组织经验的高手，尽量让你的客人们都感到满意，让他们记住这段快乐的时光，并觉得你不愧为一位细心而好客的主人。这样，一定会有很多人在这次聚会上记住你。

需要注意的是，在重要场合仅仅是"曝光"自己还远远不够，因为"曝光"的真正意义是要给在场的人留下深刻印象。你在"曝光"的同时必须不断地寻找机会宣传你自己——你的主张和你的价值等。你可以通过发言、演讲等自我宣传的形式，也可以请知名人士或朋友当众介绍，总之要让自己深入人心。

此外，宣传自己也要遵循一定的原则，过于明显的个人宣传可能适得其反，会让别人误以为你在自我吹嘘、炫耀价值。因此，在宣传时不要弄许多花招噱头，应当谦虚地、不温不火地展现自己，以免哗众取宠、适得其反。

把烫手山药丢出去

事情有难易之分，面对易如反掌的事情，我们总是能轻松解决，但当面前的问题很棘手时，就不妨将问题抛出去，让别人去解决。

有位知名度颇高、要求极为严格的建筑师，规划了许多

的建筑物，然后分别包给多位承包商。

由于这位建筑师对质量和进度要求甚高，所以在他的手下做事压力巨大。

在他的建筑师事务所里，经常可以听到会议室里传出来的阵阵怒吼声，因此，他手下的助理更换非常频繁。

这次，建筑师请来的是一位刚毕业的年轻助理，负责监督和催促工程进度的工作。这个工作一向是最吃力不讨好的，所以受到建筑师的责难也最大。可奇怪的是这位年轻助理连续工作了半年，居然很少受到建筑师的责骂，工程的进度在他的监督下也几乎都能跟上，同事们对此都感到非常不解。

直到有一天，同事们在同这位年轻助理谈论工作经验时，才向其问道："我们都很好奇，你工作时间不长，却能把工程进度控制得如此之好，你到底是怎样做到的呢？"

年轻助理耸了耸肩，无比轻松地说："其实这很简单，当一位承包商把难题丢给我，企图拖延工程进度时，我就很坚定地告诉他：'我的进度不能变更，你是要和我解决呢？还是让我们的建筑师和你解决？'这样他们通常都会没什么话说了。"

看得出，这位年轻助理真的很聪明，他将自己的困境轻松地转化为建筑师和商人的矛盾，自己却轻松了起来。与之类似，我国古代也有一个非常有名的事例。

唐肃宗时，李辅国是宫中一名大宦官。至德元年（756），肃宗在灵武称帝后，李辅国官拜行军司马。凡是肃宗的起居出行、诏令发布等内外大事，都委任李辅国处理。

唐肃宗打败安禄山，回京城后，李辅国在银台门主持恢复京城的事，并负责掌管禁兵，一时权倾朝野，人人都不敢小看他。

上元二年（761）八月，唐肃宗又加给李辅国兵部尚书一职。可是李辅国仍然不满足，恃功向唐肃宗要官，请求做宰相。唐肃宗对李辅国这种咄咄逼人、明目张胆要官的做法非常反感，同时对他的权力过重也有所警惕。

因此，唐肃宗并不想把宰相的权力交给他。不过，李辅国对唐朝宗室有功，唐肃宗不想当面得罪他，于是就对李辅国说："按照你为国家所建立的功勋，什么不能做？可是，你在朝廷中的威望还不够，这怎么办呢？"

李辅国听了唐肃宗的话以后，就让仆射裴冕等人上表推荐自己。唐肃宗知道李辅国在请人上表，十分担心，就悄悄地对宰相萧华说："李辅国想做宰相，我并不打算让他做。听说你们想上表推荐他，真的吗？"

萧华没有做声，但心里已经明白了，出宫以后找到裴冕，征求他的意见。

裴冕说："当初我并没有打算上表推荐李辅国当宰相，是他自己来找我的。现在我知道了皇上的真实意图，请皇上放心，我宁死也不会上表推荐李辅国为宰相的。"

萧华又进宫向唐肃宗奏明他们的意见，肃宗非常高兴。后来，李辅国始终没能当上宰相。

有句谚语说"把烫手山药丢出去"，其中烫手山药指的就是忽然遇到的问题与困难。就如同上面两则故事中的年轻助理和唐肃宗一样，他们都非常巧妙地将问题挡了出去，让别人为自己的问题苦恼，使其处于两难的境地，自己则享受没有烦恼的乐趣。

年轻助理是将问题引向了更困难的建筑师，自己巧妙地回避了矛盾；唐肃宗则是将问题推给了下属，借他们的力量来限制李辅国。有的问题在当时就要很快作出反应，否则稍有停顿便会烫到自己的手。事后步步埋怨自己没有抓住稍纵即逝的机会作适当的反应，也没有用了。

所以，尽管烫手的山药人人都不想接，但如果它不幸落到我们手里的话，最好的办法就是将它丢出去，扔给那些有能力的人去解决。

不过，山药丢出去还要有技巧，要小心别烫到了对方，伤了感情。这里面就有个"度"的问题，既要让对方能在脸面上过得去，又可以让自己摆脱困境。高明的人不仅能使丢出去的烫手山药不会砸到别人，还能让别人心甘情愿地替自己解决问题。

还需要注意的是，这些技巧是要经常练习的。常常操练，就能够掌握这个火候了。但是，有些时候也不应一味地回绝，应该抓住时机。有些时候，如果问题不是非常难处理，则应尽量去把它做好。

第五章

换一种说法，就是换一种活法

在日常的生活和工作中，要想保持良好的人际关系，一副好口才必不可少。当遇到矛盾或问题时，有的人仅用三言两语就能巧妙化解，而有的人说了一大堆话，不仅没有解决，反而会火上浇油。由此可见，会说话是多么重要。

说话的能力，千百年来一直为人们所重视，无数事实也证明，好的口才甚至能在关键时刻起到一锤定音的作用。面对不同的人和事，需要用不同的方式来说话，这样你才能在人生的道路上越走越远。

语言具有的"超能力"

要是有人问你："会说话吗？"你怎么想？

我不知道你会不会，但我知道包括我在内的很多人不会或者说不真正会。

有对父子冬日在镇上卖便壶（俗称"夜壶"，旧时男人夜间或病中卧床小便的用具）。父亲在南街卖，儿子在北街卖。

没多久，儿子的地摊前有了看货的人，其中一个看了一会儿，说道："这便壶大了些。"

儿子马上接过话茬儿："大了好哇！装的尿多。"

人们听了，觉得很不顺耳，便扭头离去。在南街的父亲也遇到了顾客说便壶大的情况。当听到一个老人自言自语说"这便壶大了些"后，他马上笑着轻声地接了一句："大是大了些，可您想想，冬天夜长啊！"

好几个顾客听罢，都会意地点了点头，继而掏钱买走了便壶。

父子两人在一个镇上做同一种生意，结果迥异，原因就在会不会说话上。我们不能说儿子的话说得不对，确实，便壶大装的尿多，他是实话实说。但不可否认，他的话说得欠水平，粗俗的语言难以入耳，令人听了很不舒服。

本来，买便壶不俗不丑，但毕竟还有些私密的因素在内。人们可以拿着脸盆、扁担等大大方方地在街上走，但若拎着个便壶走在街上，就多少有些不自在了。

此时，儿子直通通的大实话怎么能不让买者感到别扭呢？而那个父亲则是一个高明的推销商，他先赞同顾客的话（"是大了些"），以认同的态度拉近与顾客的距离，然后又以委婉的话语说"冬天夜长啊"，这句看似离题的话说得实在是好，无丝毫强卖之嫌，却又富于启示性。其潜台词是：冬天天冷夜长，夜解次数多且又怕冷不愿意下床是自然的，大便壶正好派上用场。这设身处地的善意提醒，顾客自然明白。卖者说得在理，顾客买下来也就是很自然的了。

唐太宗李世民曾经有过一段评论说："语言者，君子之枢机，'谈'何容易！"

确实，语言不仅是交际的工具，更是一门学问，一门艺术。有的人缺少"嘴"上功夫，说话乏"术"，因此，言谈表达往往"话不投机"，以致很难把事情办好，有时甚至还会将好事办砸；而有的人则能得体地运用语言，准确地传递信息、表情达意，有的人甚至能点"语"成金，使所言收到奇佳的表达效果。

解缙陪伴明太祖朱元璋在金水河钓鱼，不料一上午一无所获，朱元璋深感失望，即命解缙"以诗记之"。

这可是个风险极大的事。没钓到鱼乃是件地地道道的憾事，如果直录其事激怒皇上，岂不是脑袋不保？但既然皇上有令，如果不录，岂不是有意抗旨？不过这难不倒解缙，只见他稍加思索，便念出了一首漂亮的小诗："数尺纶丝入水中，金钩抛去永无踪，凡鱼不敢朝天子，万岁君王只钓龙。"

明太祖听了开怀大笑。请注意这首小诗，前两句的确是"遵旨而行"的实写，后两句则是巧妙的劝慰——钓不到鱼，那是因为皇上至尊至贵，"凡鱼"不敢上钩。经过解缙这么一"劝"，皇上乐开了花。

试想，如果解缙没有出色的想象力，不善于用语言将其准确迅速地表达出来，是不可能取得既直陈其事又劝慰皇上并且保全自己性命这样"一箭三雕"的效果。

大哲学家老子曾经说过："美言可以市尊。"意思是说：如果一个人善于驾驭语言，便可以用之去交换自己所需要的东西。不擅"说"道的人，可能注定了要一辈子平庸，深谙说话之"术"的人，却常常能在最不可能处扭转乾坤。

元代的关汉卿因为编演《窦娥冤》，得罪了统治者，官府要捉拿他治罪。关汉卿得知消息后，连夜逃走，途中遇到几名捕快。

班头问："你是干什么的？"

关汉卿顺口答道："三五步走遍天下，六七人统领千军。"

班头明白了："原来你是唱戏的。"

关汉卿又吟道："或为君子小人，或为才子佳人，登台便见；有时欢天喜地，有时惊天动地，转眼皆空。"

班头见他如此伶俐，出口成章，便问道："你是关……"

关汉卿笑道："看我非我，我看我，我亦非我；装谁像谁，谁装谁，谁就像谁。"

班头本来爱看戏，特别爱看关汉卿编演的戏，知道眼前这人便是关汉卿，捉他吧，于心不忍，不捉吧，500 两赏银便没了。

关汉卿看透了他的心理，便顺口吟道："台头莫逞强，纵得到厚禄高官，得意无非俄顷事；眼下何足算，到头来抛盔卸甲，下场还是普通人。"

可能是这首诗打动了班头，他便对另几名捕快说："放他去吧，这是个疯子。"

关汉卿就这样脱了险。

可见，学会运用语言的威力，掌握说话的艺术，不仅是人际交往增进感情的催化剂，更是我们摆脱困境达到事业成功的保证。

不要当着矮子说"短话"

"当着矮子说短话——没事找事。"一个爱说"短话"的人，和性子是否直爽无关，而和一个人的涵养有关。

小林是个非常可爱的女孩，人缘也不错，但是她有个"心结"，就是脸上长了一大片黄褐斑，用了很多办法都没有治愈。

出于对小林的尊重和理解，公司里的所有人从来都不当她的面说这个"敏感"的话题。

周一开会时，坐在小林前面的女孩小张看着小林说道："呦！小林，你今天看起来好漂亮啊！"

听了小张的话，小林低下头笑笑。但是紧接着小张的话却让小林的心情瞬间跌到了谷底。

"今天的底妆不错啊！把你脸上那些斑点都给遮住了啊！你看看这样多好，女孩子嘛，就要脸上干干净净的……"

大家都很奇怪地看着小张，但她依然是一副"热心肠"的样子，继续关切地说："现在就是看脸的社会，要是不好看啊，连对象都不好找呢。哎，对了，你好像还没有对象吧？那怎么行呢？回头我给你介绍个美容院吧……"

小张还在兴致勃勃地说着，但是小林的脸色早已变得铁青了，随后就头也不回地离开了。

"哎，这人……"小张尴尬地笑笑，"我性子直，但是说这话都是为她着想啊……"

小张这样做，真的是在为别人着想吗？故事中的小林将自己脸上有斑这个问题视作"心结"，她认为这是自己的缺点。但是小张却在大庭广众之下拿小林的缺点说事，还将这一切都归结于自己的"直性子"。我们经常说，做人做事要扬长避短，如果被别人当面议论自己的"短处"，相信每个人的内心都会非常不舒服。

"当着矮子说短话——没事找事",这是中国的一句歇后语,它的意思是成心揭别人的短,让别人难堪。而人与人之间的相处,最重要的是尊重。不拿别人的短处议论或开玩笑,这是对别人最基本的尊重。即使是心直口快的"直性子",也不能不顾及别人的感受,而只顾自己"一吐为快"。

很多朋友之间都喜欢相互调侃,调侃的话题往往从国家大事到鸡毛蒜皮的小事,还包括别人的某些特点甚至缺点,都可以拿来作为谈资。

或许他们认为:"我们是朋友啊,又没有恶意,所以没关系啊!"于是借着这样的理由,对别人的事情进行大肆调侃,一次、两次,甚至无数次地开着"玩笑",最后搞得朋友之间变得非常尴尬,而他们自己却浑然不知,甚至还觉得是对方太小气。

月月是个活泼开朗的姑娘,但是她在朋友圈最出名的不是她的活泼,而是她的黑。

从小她的皮肤就出奇的黑,还因此被很多朋友嘲笑过,她也哭过。但是随着年龄的增长,原本就活泼开朗的她反而不在意了,而且她还有个特别的优点:擅长自黑。

月月的大学室友是位典型的"女神",尤其是她白皙的皮肤经常让月月感叹命运不公平。月月的这位室友也时常嘲笑她,对此月月也都一笑而过,有时候月月也会跟着她一起打哈哈,自黑一下。

其他人看不下去了,对月月说:"她那么损你,你干吗总是对她那么包容啊!"

月月笑笑说:"没事没事,我本来就黑嘛!她说的也是实话！"

一次，月月的这位室友叫她一起去 KTV，同去的还有其他同学。

月月一进来，她的这位室友就开口了："哟！你跟个影子似的，灯光再暗一点儿就看不见了呢！"说完，还和身边的几个人一起大声地笑起来，看得其他人一脸尴尬。

月月边笑，边坐下说："对啊，小时候我妈还经常以为我丢了！"

月月的话让大家一阵大笑，气氛瞬间也变得愉快了。月月的这位室友非常不甘心，本来她是想给月月难堪的，没想到被月月轻而易举就化解了。

让这位"女神"更没想到的是，两个月之后，同样在聚会时，她看中的"男神"居然公开地追求月月了，原因是觉得月月性格开朗，非常可爱。

故事中的"女神"总拿自己的优点抨击别人，想用这样的方式来抬高自己，却没想到弄巧成拙，反而成全了别人，原本被黑、被嘲笑的月月收获了大家的喜爱。总是拿别人的缺点来开玩笑、借以抬高自己的人固然不对，但是月月用她的行动告诉我们，在面对一些无意或者有意的"攻击"、取笑时，我们要调整好自己的心态，不让别人的情绪影响自己的心情。

人无完人，每个人都会有缺点，一个人的缺点有时也会是其他人的优点。所以，我们每个人都要有包容之心，而不是借着自己的"直性子"，随意地表达自己的情绪，甚至将自己的快乐建立在别人的痛苦之上。直性子的人坦诚而直接，但这不能成为伤害他人的理由。

当着"矮子"说"短话",将别人的缺点毫不客气地展露出来,这无异于揭别人的伤疤、戳别人的痛处。中国有句俗语叫作"打人不打脸,骂人不揭短",而当着"矮子"说"短话",正是一种粗暴的"揭短"行为。

"我"和"我们"的差距很惊人

说话的时候,多用"我们",能够快速地拉近彼此的距离。性格太直爽的人,常常会忽略这个小细节。虽然"我们"比"我"只多了一个字,但这个小小的变化会让人感觉舒服得多。

国庆节假期,刘铭无事可做,打算约好朋友佳美一起去爬长城。

他打电话过去,佳美开心地答应了,但她想带一个朋友一起去,"刘铭,我想带一个朋友跟我们一起去,你觉得怎么样?"

"我不认识,会不会有些尴尬?"刘铭倒是不介意带一个新的小伙伴,就是自己比较内向,要是到时候无话可聊,就有些尴尬了。

"她啊,性格特别直爽,喜欢讲笑话,你不用担心啦。"佳美说道。

"那好,就一起去吧。"刘铭说道,既然是个爽快人,应该很好相处。

很快,爬长城的时间到了。三人一起爬完了长城,找了个吃饭的地方,点完菜后,就开始闲聊。

"刘铭，我觉得你的体质不太好。爬长城的时候，你的速度很慢。"佳美带来的新朋友王丹说道。

"嗯，我身体有些弱。"刘铭礼貌地回了一句。

"你应该多出来爬爬山，呼吸一下新鲜空气。我看你脸色不够红润，人又这么瘦，多吃点补品吧。"

王丹噼里啪啦说了一堆，刘铭却只回了一个"嗯"。而王丹说不上哪里不对，就是感觉场面有些尴尬。

"我"字带有浓厚的个人主义色彩。故事中的刘铭本来就与王丹不是很熟，因此说话的时候，王丹就应该多用"我们"而不是"我"。因为"我们"可以迅速地拉近双方的关系，使对方感到亲切，这样场面就不会很尴尬了。

交流是人们增强感情最常用的方式，因此我们与他人交谈的时候，要时刻注意其他人的态度与反应。如果对方已经对你的话失去了兴趣，或者场面很尴尬，那你就要注意你的语言了。生活中有很多像王丹一样的人，性格开朗直爽，有一说一。但与人相处的时候，他们总是会忽略一些细节问题，比如"我们"与"我"的用法。

大多数人说话的时候，总是喜欢谈论自己的事情，而对那些与自己关系不是很大的事情，并不会有多少兴趣。可是，对你来说最有意义的事情，在别人那里也许是最无聊的事情。交流的时候如果只顾着说自己的事情，不给对方接话题的机会，那么这段交流就是失败的。

因此，与人交流的时候，建议多使用"我们"，而不要总是使用"我"。尽量忘掉自己，将话题集中在大家的身上，而不是你的生活，你的家人。

"我们"这个词能引导别人参与到谈话中，也会使对方感到舒服。尤其是初次认识的人，聊天的时候多使用"我们"，对方不仅更容易接受你的话，而且会变得很热情。风趣、幽默的说话方式也会给别人留下好的印象。

张杰即将休假，他原本打算跟妻子一起出去旅行。当他把这个想法告诉妻子后，妻子也表示赞同。

但是究竟去哪里呢？是跟着旅行团出去还是自驾游呢？

妻子说："我们可以考虑跟团，但是要选择正规的旅行社。"

妻子觉得跟团比较方便，不用规划行程和时间，跟着导游就可以了。

但是张杰不以为然地说："我不喜欢跟团，新闻上不是总说团队游这个不好，那个不好吗？我觉得我完全可以处理好自己的假期。你听我的就可以了。"他的话说得太直接，妻子有些受不了。

妻子觉得丈夫有些偏颇，便说道："我以前的同事现在就在旅行社工作，正规的旅行社还是很不错的。"虽然丈夫一向自我，但有了孩子之后，尤其是这几年，她觉得丈夫需要改变一下说话方式了。

因为孩子的性格随了丈夫，非常耿直，就连说话的方式也随了丈夫。妻子想，孩子可不能像丈夫那样。

"宝宝简直就是你的缩小版，你可不能总这么说话了，总是'我怎么怎么'，宝宝总跟着你学。"妻子对张杰说。

"这又不是什么大事，都过这么多年了，我是什么人你还不知道嘛。"张杰一边说，一边还想着妻子是在小题大做，借机找碴儿。

面对张杰一副不愿再谈的样子，妻子也不知道该怎么办了。

故事中的张杰之所以不同意妻子的意见，本质上说，是因为他是一个比较自我的人。

大家聚在一起聊天，都有表达自我的欲望，如果这种兴致不能抒发出来，就会很难受。试想，一群人在一起说话，其中一个总是"我怎么怎么"，其他人完全没有机会讲话，或者他们想参与但接不上话，心里一定不舒服。假如大家没有说话的机会，自然也就对这场谈话失去了兴趣，最后的结果只能是不欢而散。

不知道大家是否注意过，记者在做采访的时候，常常会用"我们"开头，这样的说话方式能够拉近采访者与被采访者之间的距离，被采访者会卸下防备，说出记者想要了解的事情。"我们"这个词表达了"你参与其中"的含义，因此会让别人产生参与意识。

不是说性格直爽不好，而是性格直爽的人比较粗心大意，常常会忽视一些问题，比如聊天技巧之类。而身处社会，直性子的人一定要注意性格中的缺陷，这样才能生活得更好。

多用"我们"，能够激发对方的表达欲望。话不仅仅是说给自己听的，也是说给别人听的。如果只顾着说自己的，总是以"我"开头，忽略了别人的感受，不注意他人的反应，最后只能让交谈变得非常尴尬且无趣。

不要以为说话的时候把"我"换成"我们"是一件无足轻重

的小事，虽然这是一个非常简单的小细节，但它所发挥的作用是不可估量的。

以理服人，不如以"利"服人

唐翼修说："古代的人重侠义，这是没有什么可说的。当人在危险急迫的时候，呼天不应、叫地不灵的紧要关头，忽然有人出来，鼎力相助，解你于厄难之中，使你免受于死，这就是天地父母不能做到的，所以说非得知道侠义道不可。"

《史记》中说："一死一生，就知道交情的深浅；一贫一富，就知道交情的态度；一贵一贱，交情的真假自然可见。人在患难之中，馈赠一文，胜过富贵场上挥霍万金。"

与人结交，锦上添花不如雪中送炭。当一个人飞黄腾达、富贵已极时，你去亲近他、赞美他，他视为理所当然，并不领你的情；你馈送他千金，他也视为九牛一毛，不放在心上。可是当他背时落难时，一句好话就足以暖他之心、悦他之意，若小有帮补，他定感怀于心。

赵宣孟去绛地赴任途中，看见桑树下有一个饿晕的人，躺在那里不能动。赵宣孟心生怜悯，马上下车，亲自含着食物喂他。

这人吃了两口，苏醒过来，睁开眼睛。赵宣孟问："你为什么饿到这种地步？"

这人答道："我住在绛地，家里粮食吃光了，我不好意思行乞，又不屑于干偷盗的勾当，才落到这种地步。"

赵宣孟给他饮食，还送给他两块干肉。他行礼后收下，却不吃。赵宣孟问他为什么不吃，他说："刚才吃的东西味道很美，我家里还有老母亲，我想把您赏赐的食物献给他老人家吃。"

赵宣孟说："你放心吃吧，我另外再给你。"于是，又送给他一筐食物、两束干肉和一百个钱，然后去了绛地。

过了三年，晋灵公想杀害赵宣孟，预先在房子里埋伏了武士，把赵宣孟叫来一同饮酒。赵宣孟察觉到了危险，找机会跑了出来。晋灵公命令埋伏的武士赶快追杀他。有一个人跑得很快，先追上赵宣孟，看清了赵宣孟的脸，说："果真是您啊！让我为您回去战死吧！"

赵宣孟问："您叫什么名字？"

那人转身就走，回答说："何必知道名字呢？我就是那个在桑树下饿晕的人。"说完，他拼命阻击那些追上来的武士，最后战死。赵宣孟因此得以逃生。

对这个故事，汉朝的刘向在《说苑》中发表感慨说："这就是所谓施恩的好处。把恩惠施给君子，君子能为你添福；把恩惠施给小人，小人能为你尽力。施恩给一个人，还能给自己带来一个活命的机会，何况施恩给上万人呢？

所以说，恩不辞细，怨不辞小，怎么可以不多积德少结怨，把好处给别人呢？给人好处，带来福分；结成怨恨，招来灾祸。内心的善恶会反映到外面的祸福，不能不小心谨慎。"

交人于背时落难时，最见真情，不但能得到一个真心朋友，也许还能为自己留一条后路呢！

中国式人情世故

回避不愉快的话题

亲朋好友会聚一堂，你言我语，有问有答，好不热闹。但是并不是什么问题都可以拿来问朋友，否则会引起朋友不愉快，影响聚会的和谐。

具体来说，在聚会时问问题应注意以下几项：

1. 避免问别人为什么做某事

一般人通常自己也不知道为什么会这么做，即使知道，也不见得会承认。因此，类似的问题会使他们感到不安而且有排斥的意念，如：

"你为什么这么做？"

"你为什么和这种人做生意？"

"你为什么会说这些事情呢？"

"你为什么每天早餐都吃一样的东西呢？"

"你为什么骑那辆车呢？"

2. 避免圈套式的问题

有些问题好像是给别人下的套，如：

"如果我告诉你一些赚钱的方法，你有兴趣吗？"

"你希望减减肥，对不对？"

"你对你的家人有一份责任感和关心吧？"

"你对那些不懂得体贴人的人有什么看法？"

3. 不要问迫使别人同意的问题

有些问题有理所当然及迫使人默许的意思。如：

"你难道不认为我所说的是正确的吗？"

86

"你难道不同意，如果买了我的那辆自行车，对你很有用吗？"

"你难道不知道，注意安全是为你自己好？"

如果你的问题能够改成："你觉得怎么样？你同意不同意？"就对了，这样的问题让别人有表达不同意见的机会。

4. 避免个人隐私或攻击性的问题

有些问题是个人隐私或具有攻击性，如：

"你多重？"

"你多大？"

"挣多少钱？"

"你为什么不结婚？"

"你们两个吵得很厉害吗？"

"你的丈夫有外遇吗？"

5. 避免空泛式的问题

有些问题过于空泛，如：

"你最喜欢这本字典中的哪一部分？"

"你觉得现在的世界局势怎么样？"

"你读过很多书，都是关于哪一方面的？"

"你最相信哪些哲理？"

如果你希望和别人的谈话能够继续下去，就必须提出明确一点儿的话题。不妨以一些"闲聊"的问题来打开话匣子。

无论如何，你的问题必须平实不尖锐，让别人觉得很舒服，没有压力，使你和别人的关系自然地建立起来。

你不妨从一些容易回答的问题着手。最好不要问是或不是的问题，要问一些让别人能够继续说话的问题。下面的问题既简单又能打开别人的话匣子。

"你喜欢蓝色吗？"

"你的公司有多少职工？"

"你的早餐都吃些什么？"

"你的孩子几岁了？"

"你在这个工厂工作多久了？"

"你喜欢看电视吗？"

这些问题可以使话题一直继续下去，因为这些问题都非常明确又有趣，而且也是你和陌生人谈话时，彼此认识的必然问题的一部分。这个陌生人可能是你将来结婚的对象，也可能是你的同事。

你所提出的问题最好是别人都很喜欢回答的，因为每个人都喜欢表达意见，而不喜欢让别人知道隐私；都不介意告诉别人他们在做什么，而不喜欢透露做这件事的原因。

如果你觉得有些问题必须知道，最好先解释提这些问题的原因，这样可以减少别人的怀疑和抵触心理。

"下星期我们开会讨论有关停车场修建的问题，你有什么意见？"

"你爸和我今天下午要去参加家长会，是关于升学报志愿的事，你和你的同学们有些什么想法吗？"

有时，你也可以问一些刺激别人思考的问题，他们即使没有回答你，也没有什么关系。

当你真正做到了以上这些，你就会成为受人欢迎的人，你们的聚会也会取得成功。

"马屁"不能拍在马腿上

一个气球再漂亮、再鲜艳，吹得太小也不会好看，吹得太大则容易爆炸。赞美就如吹气球，应点到为止，适度为佳。因此，在赞美他人时一定要坚持适度的原则。

夸奖或赞美一个人时，有时候稍微夸张一点儿更能充分地表达自己的赞美之情，别人也会乐意接受。但如果过分夸张，你的赞美就脱离了实际情况，让人感觉到缺乏真诚的东西在里面，反而会增加别人对你的防备。

因为真诚的赞美往往是比较朴实的、发自内心的。只有恭维、讨好才是过分夸张和矫揉造作的。

历史上有一位臭名昭著的马屁精冯希乐，他是一个热衷于夸张拍马的人。有一次，他去拜访长林县令，赞叹道："仁风所感，猛兽出境。昨日入县界，见虎狼相尾而去。"

刚夸过不久，就有村民来报告："昨夜大虫连食三人！"

长林县令很不高兴地责问冯希乐究竟是怎么回事，冯希乐面红耳赤地回答说："是必便道掠食。"

冯希乐夸张得脱离了实际情况，无视野兽吃人的本性，信口雌黄，说野兽已被县太爷的仁义教化所感动，所以离县而去，结果是抡起巴掌打自己的脸，这就是所说的轻言取辱。

赞美要做到点到为止、恰到好处是有技巧的，下面列出赞美的两个技巧供大家参考。

1. 比较性的赞美

两个人或两件事相比较时，在夸奖对方的同时，要让对方意识到自己的优点和存在的差距，这样才能使对方对你的赞美深信不疑。

有一次，汉高祖刘邦与韩信谈论诸将才能的高下。

刘邦问道："你看我能指挥多少兵马？"

韩信回答："陛下至多能指挥十万兵马。"

刘邦又问："那你能指挥多少兵马呢？"

韩信自豪地回答："臣多多益善耳。"

刘邦笑道："既然你带兵的本领比我大，却为什么被我控制呢？"

韩信很诚实地说："陛下不善于指挥兵，但善于驾驭将，这就是我被陛下控制的原因。"

刘邦自己也曾说过，统一指挥百万军队，战无不胜，攻无不克，他不如韩信。这是他做了皇帝以后对自己的评价。

韩信的赞美首先肯定了刘邦控制大臣为自己效命的能力，随后又指明了他在带兵作战方面与自己相比有不足之处，正与刘邦的自我评价相吻合。话说得很实在、很坦诚，刘邦不但不怒，反而很满意。

此时，韩信与刘邦关系已很紧张，如果他违心地恭维刘邦，调兵遣将无所不能，恐怕刘邦不但不愿意听，甚至会怀疑他在吹捧、麻痹自己。

2. 根据对方的优缺点提出自己的希望

金无足赤，人无完人。有所保留的赞美既要看对方的优点和长处，同时又要看到他的弱点和不足，讲究辩证法。常言道："瑕不掩瑜。"指出对方的缺点和不足，并提出一定的希望，不仅不会损害你赞美的力度，相反会使你的赞美显得真诚、实在，易于为人接受。

尤其是领导称赞下属时，要有一是一，有二是二，把握分寸，有所保留。可以多用"比较级"，千万慎用"最高级"。领导可以在表扬时，把批评和希望一并提出来。

有效的赞美不应该总是绝对化，像"最好""第一""天下无双"这类的帽子千万别乱戴。

有句企业的广告词说："只有更好，没有最好。"就显示了企业的真诚承诺，而不是哗众取宠、华而不实，在消费者中影响很好。

实际上，一般人都对自己有个客观的认识和评价，如果你的赞美毫无遮拦，就会让人感觉你曲意奉承，难以接受。赞美时必须记住：一个人的成绩和优点毕竟是有限的。许多伟人看自己时，也都有所保留。

赞美别人应当一分为二，有成绩肯定成绩，有不足也要说明不足，控制好赞美的度。过分的夸奖对于被赞美者来说是有百害而无一利的，因为过分的夸奖往往会使被赞美者不思进取，误以为自己已经完美无缺了，从而停止前进的脚步。

众所周知的方仲永，小时候因为天资聪慧，被别人称为天才，其父则带他四处去走访宾客，结果等到他长大以后，才能跟普通的人没有什么两样了。

赞美最好辅之以鼓励，这样才能充分发挥赞美的积极作用。

交浅不宜言深，话说三分留七分

有时候，语言上的伤害比身体上的伤害更让人难以接受。交浅言深，是人际交往中最无形的杀手。这种情形如果发生，所造成的负面影响是非常大的。所以，古人的劝诫"逢人只说三分话，未可全抛一片心"，绝对是避免以言取祸的经验之谈。

小敏刚入职了某家公司，一切都还在适应中，公司的氛围非常好，同事们都非常热情，对她也很友善。

中午吃饭的时候，大家在一起有说有笑，气氛非常融洽。在这些同事中，芳芳和小敏一见如故，最谈得来。

芳芳是个外向的人，有事没事总乐意给小敏八卦点公司里的事儿，比如公司之前出现过什么问题，每个同事出过什么糗事，等等。

小敏来公司的时间不长，一切都还不熟悉，遇到芳芳这样一个"知无不言，言无不尽"的同事，当然分外珍惜，对其放松了戒备。

随着时间的推移，小敏对芳芳的防卫越来越低，看到不顺眼和不服气的事，会第一时间跟芳芳"汇报"，甚至在背后严厉批评同事，将自己心中的恶气一吐为快。

但是时间长了，小敏发现同事们越来越不爱搭理自己了，开始时的融洽气氛也寻觅不到了。中午吃饭时大家不再喊上小敏，出去玩的时候也不愿意带上她。小敏觉得自己还有芳芳，也就对别人采取无所谓的态度，依然每天跟芳芳倾吐自己的不顺眼和不顺心。

一天，公司的元老刘大姐偷偷跟小敏说，芳芳在小敏不在的时候，将小敏批评同事的话告诉给了很多人，并跟其他同事一起批评小敏初来乍到，什么都不懂，就敢这么批评人！最后刘大姐说："年轻人一定要多长心眼儿，不要别人把你卖了，还帮别人数钱。"

刘大姐的这番话让小敏如同挨了一记闷棍，她想起这些天同事们对她的态度，终于明白了自己被众多同事疏远的原因了。

交浅言深的关键就是太急躁了。孔子曾说："不得其人而言，谓之失言。"意思是，不应该跟对方说的话却说了，这就是说错话。这种行为不但会让人感到冒昧，也不能很好地保护自己。

另外，如果两个人交情浅，一定要避免谈论隐晦性话题。这里所说的隐晦性话题，包括不堪的过往、缺陷、弱点等，其他的如工资、奖金、收入待遇、婚否甚至年龄等，对一些人来说也是不愿提及的话题。

所以，如果两个人的交情不够，这些都是禁忌，一定要懂得掌握分寸，保持距离感，尊重对方的边界。这也是为人处世应有的基本教养。

交朋友贵在真诚，但判断真诚与否，是需要长期观察的。交友和谈恋爱一样，都是要花时间培养的，你如果想要达到和某人

"言深"的地步，彼此推心置腹、畅所欲言，就需要长时间地与其相处，让交情不断地深入，只有当交情发展到一定程度时，才能做到无所不谈。

第六章

厉害的人，从不靠情绪表达自己

　　情绪无处不在，就像影子一样与我们相伴相随。我们在日常的工作、生活中，时时刻刻都能体验到它的存在，体验到它给我们心理带来的变化。许多人在做事情的时候，总是受当时的情绪所支配，为此也常常将成功的希望之火扑灭。

　　真正厉害的人之所以厉害，是因为他们能控制住自己的情绪。他们拥有良好的心态和丰富的人生阅历，无论面对人生的任何大起大落，都不会被情绪所支配，他们永远是情绪的主人，为此，他们也常常是胜利的拥有者。

脾气决定运气，脾气越大，坎坷越多

　　有这样一段话：脾气越大，坎坷越多；脾气越温，福报越深。一个人的脾气里藏着他看过的书，走过的路，甚至修养和品格。能控制住不良情绪、不发脾气的人，比一个能攻下一座城的人更强大。

　　人是社会动物，每天都要和各种各样的人打交道，不管是家里家外，总有起无名火的时候，难免会遇见一些让自己恼羞成怒的人。脾气好的人在遇事之后会理性思考，不会急切地发脾气；

而脾气不好的人仿佛一个火药桶，一点就着。

生气、发怒、发脾气是一个人的本能，但是事实的真相是，问题能制造脾气，脾气却不能解决问题，相反还会让问题变得更糟糕。

少年时代的林则徐勤奋好学，才思过人，可就是脾气过于暴躁，常常因为听到一些不遂心愿的话就大发雷霆。父亲林宾日担心他日后会因脾气坏事，便给他讲了一个故事：

两个大汉扭送一名年轻人去官府，控告他是个十恶不赦的不孝之子。判官性子耿直而急躁，一怒之下，不容分说便命人打了年轻人五十大板。

退堂时，一位老太拄着拐杖闯上堂来，哭哭啼啼地说："请大人救救我们吧！刚才有两个强盗溜进我家偷牛，被我儿子发现，想把他们扭送官府，不料反被强盗捆走了。"判官这才知道，自己的脾气被人利用了。

林则徐当下恍然大悟，后来他还在书房的醒目处，挂起了亲笔书写的横匾"制怒"。

怒者，心之奴也。动不动就愤怒生气的人是情绪的奴隶，是心绪的奴隶。那些脾气暴烈的人，做事也焦急败坏，于是脾气越大，做事就越不顺利，坎坷也就越多，久而久之，形成了恶性循环。

晚清帝师翁同龢说："每临大事有静气。"遇事多一些平和，少一些任性臆测，就能把坏脾气这个魔鬼关在牢笼里，战胜那些企图摧毁你的力量。只要你领悟了情绪变化的奥秘，对于自己千变万化的情绪，你就不会再听之任之。做人不情绪化，做事才能按部就班、圆圆满满，这样才能成为掌握自己命运的强者，才能成就辉煌的事业。

坏脾气是一枚钉子，会把对方钉得满心疮孔。如果你不希望被人孤立，就应该学会控制自己的脾气和嘴巴，不要随便说伤人的话，尤其是对自己最亲近的人。

很多人都是如此，平时就对亲朋好友极其没有耐心，稍有不顺心的地方，就对他们任性耍横，抱怨指责。这样的做法不就是仗着他们对自己的爱，仗着他们会容忍自己的坏脾气吗？虽然他们不动声色，但无疑这也是一种隐形的伤害。

有个小男孩脾气暴躁，小伙伴们都不喜欢和他一起玩。有一天，男孩的父亲对男孩说："孩子，从今天起，每当你生气的时候，就在外面的篱笆上钉一颗钉子，这样比你向别人发脾气更好。"慢慢地，小男孩生气的次数越来越少，脾气变得越来越好，但是当他生气的时候，依然会在篱笆上钉钉子。

一天，父亲带着男孩来到篱笆前，让他把篱笆上的钉子取下来。然后，父亲对他说："你看篱笆上的那些洞，每当你向别人发脾气的时候，就像在别人的心里钉一颗钉子，即使钉子拔除了，但是被钉子钉的洞仍然在，向周围的人发脾气，即使事情过了，伤痛也会留在别人的心里，你明白吗？"

一个无法控制自身怒气的人，总是不时地给亲朋好友造成困扰和伤害。随着时间流逝，哪怕钉子消失了，但是内心的伤痕却难以消除，造成的伤害也难以弥补。

尽管每个人都有自己的脾气秉性，有的人生性平和，有的人直率豪放，也有的人刚正不阿。但无论如何，都要学会把握和控制脾气，千万别让你的脾气害了你，那样就得不偿失了。

愿你有好脾气，如果没有，愿你在愤怒中学会安静；愿你有好运气，如果没有，愿你在不幸中学会慈悲；愿你被很多人爱，如果没有，愿你在寂寞中学会宽容。

暴躁是发生不幸的导火索

一个人性格暴躁的最直接表现就是容易愤怒，因此，愤怒是一种很常见的情绪，特别是年轻人。比如，血气方刚的小伙子往往三两句话不对，或为了一点儿芝麻绿豆大的事情就大打出手，造成十分严重的后果。

其实，愤怒是一种很正常的情绪，它本身不是什么问题，但如何表达愤怒则是个问题。有效地表达愤怒会提高我们的自尊感，使我们在自己的生存受到威胁时能勇敢地战斗。

脾气暴躁，经常发火，不仅是诱发心脏病的致病因素，而且会增加患其他病的可能性，它是一种典型的慢性自杀。因此，为了确保自己的身心健康，必须学会控制自己，克服爱发脾气的坏毛病。

如何有效地抑制生气和不友好的情绪呢？这主要在于自己的修养和来自亲朋好友的帮助与劝慰。实验证明，在行为方式有改善的人中，死亡率和心脏病复发率会大大下降。为了控制或减少发火的次数和强度，必须对自己进行意识控制。当愤愤不已的情绪即将爆发时，要用意识控制自己，提醒自己应当保持理性，还可进行自我暗示："别发火，发火会伤身体。"有涵养的人一般能控制住自己。同时，还可向他人求得帮助，使自己遇事能够有效地克制愤怒。只要有决心和信心，再加上他人对你的支持、配合与监督，你的目标一定会达到。

一般来说，性格暴躁的人都有如下一些表现：

1. 情绪不稳定。他们往往容易激动，别人一点儿友好的表示，他们就会将其视为知己；而话不投机，就会怒不可遏。

2. 多疑，不信任他人。暴躁的人往往很敏感，对别人无意识的动作，或轻微的失误，都看成是对他们极大的冒犯。

3. 自尊心脆弱，怕被否定，以愤怒作为保护自己的方式。有的人希望和别人交朋友，而别人让他失望了，他就给人家强烈的羞辱，以挽回自己的自尊心，从而永远失去了和这个人亲近的机会。

4. 没有安全感，怕失去。

5. 从小受娇惯，一贯任性，不受约束，随心所欲。

6. 以愤怒作为表达情感的方式。有的人从小在父母打骂的教育方式中长大，所以他也学会了将拳头作为表达情绪的唯一方式。甚至有时候，愤怒是表达爱的一种方式。

7. 将别处受到的挫折和不满情绪发泄在无辜的人身上。应当说，脾气是一个人文化素养的体现。大凡有文化、有知识、有修养者，往往待人彬彬有礼，遇事深思熟虑，冷静处置，依法依规行事，是不会轻易动肝火的。而大发脾气者，大多是缺乏文化底蕴的人，他们似干柴般的思想修养，遇火便着，任凭自己的脾气脱缰奔驰，直至撞墙碰壁，头破血流，惹出事端。所以，情绪容易暴躁的人，提高自己的素质修养刻不容缓。

下面的八条措施将帮助你完成改变暴躁性格这一心理、生理的转变过程，使你臻于性格的完善。

1. 承认自己存在的问题。请告诉你的配偶和亲朋好友，你承认自己以往爱发脾气，决心今后加以改进，希望他们对你给予支持、配合和督促，这样有利于你逐步达到目的。

2. 保持清醒。当愤愤不已的情绪在你脑海中翻腾时，要立刻提醒自己保持理性，这样你才能避免愤怒情绪的爆发，恢复清醒和理性。

3. 推己及人。把自己摆到别人的位置上，你也许就容易理解对方的观点与举动了。在大多数场合，一旦将心比心，你的满腔怒气就会烟消云散，至少觉得没有理由迁怒于人。

4. 诙谐自嘲。在那种很可能一触即发的危险关头，你还可以用自嘲解脱。"我怎么啦？像个 3 岁小孩，这么小肚鸡肠！"幽默是改掉发脾气的毛病的最好手段。

5. 训练信任。开始时不妨寻找信赖他人的机会。事实会证明，你不必设法控制任何东西，也会生活得很顺当。这种认识不就是一种意外收获吗？

6. 反应得体。受到不公平对待时，任何正常的人都会怒火中烧。但是无论发生了什么事，都不可放肆地大骂出口，而该心平气和、不抱成见地让对方明白，他的言行错在哪儿，为何错了。这种办法给对方提供了一个机会，在不受伤害的情况下改正错误。

7. 贵在宽容。学会宽容，放弃怨恨和报复，你随后就会发现，愤怒的包袱从双肩卸下来，会帮助你放弃错误的冲动。

8. 立即开始。爱发脾气的人常常说："我过去经常发火，自从得了心脏病，我认识到以前那些激怒我的理由，根本不值得大动肝火。"请不要等到患上心脏病才想到要克服爱发脾气的毛病吧，从今天开始修身养性不是更好吗？

一位哲人说："谁自诩为脾气暴躁，谁便承认了自己是一名言行粗野、不计后果者，亦是一名没有学识、缺乏修养之人。"细细品味，煞是有理。愿我们都能远离暴躁脾气，做一个有知识、有文化、有修养的人。

能够自我控制是人与动物的最大区别之一。脾气虽与生俱来，但可以调控。多学习，用知识武装头脑，是调节脾气的最佳途径。知识丰富了，修养提高了，法纪观念增强了，脾气这匹烈马就会被紧紧牵住，无法脱缰招惹是非，甚至刚刚露头，即被"后果不良"的意识所制约，最终把上蹿的脾气压下，把不良后果消灭在萌芽状态。

控制不了自己，就控制不了别人

每个成功人士都会有从被控制到控制别人的过程，如果向他们询问，在这个经历中最重要的是什么或者感受最深的是什么，他们一定会回答："要想控制别人，首先要学会控制自己。"对自己的掌控包括情绪、欲望、判断等多方面，而情绪又是最难以驾驭的因素。

一个人或许能够克制自己的欲望，能够控制自己的判断力，却很可能因为一件小事就燃起怒火。然而，控制不了自己，就控制不了别人。

一个无法对自己的情绪进行有效操控，经常乱发脾气的人，就无法赢得他人的支持和帮助，最后只能让自己落得"失道寡助"

的处境。

有一个脾气暴躁的女孩，经常因为小事和别人吵架，她的人际关系因此愈来愈紧张，在公司经常与人发生矛盾，结果男友也难以忍受她的坏脾气，和她分手了。终于有一天，她觉得自己已经处于崩溃的边缘。

她向一个朋友求救，朋友建议道："你可以拥有两种思考，一种是让每件事情都在脑海里剧烈地翻搅，另一种则是顺其自然，让思想自己去决定。"

说着，朋友拿出两个透明的刻度瓶，分别装了一半刻度的清水，随后又拿出了两个塑料袋。女孩打开来，发现里面分别是白色和蓝色的玻璃球。

朋友说："当你生气的时候，就把一颗蓝色的玻璃球放到左边的刻度瓶里；当你克制住自己的时候，就把一颗白色的玻璃球放到右边的刻度瓶里。最关键的是，现在你该学会控制自己的情绪，如果你不试着控制自己的情绪，你会继续把你的生活搞得一团糟。"

此后的一段时间内，女孩一直照着朋友的建议去做。后来，在朋友的一次造访中，两个人把两个瓶中的玻璃球都捞了出来。他们同时发现，那个放蓝色玻璃球的水变成了蓝色。原来，这些蓝色玻璃球是把水性蓝色涂料染到白色玻璃球上做成的，这些玻璃球放到水中后，蓝色染料溶解到水中，水就成了蓝色。

朋友借机对女孩说："你看，原来的清水投入'坏脾气'后，也被污染了。你的言语举止是会感染别人的，就像玻璃球一样。当心情不好的时候，要控制自己。否则，坏脾气一旦投射到别人身上，就会对别人造成伤害，再也不能回到以前。所以一定要控制好自己的情绪。"

女孩后来按照朋友的建议去做时，她真的不再那么暴躁了，做事情也容易理出头绪。当朋友再次造访的时候，两个人又惊喜地发现，那个放白色玻璃球的刻度瓶竟然溢出水来！

慢慢地，女孩已学会把自己当成一个思想的旁观者，来看清自己的意念。一旦有了不好的想法就很快发现，情绪失控的时候就及时制止。

这样持续了一年，她逐渐能够控制自己的情绪，生活也步入正轨，并重新得到了一位优秀男士的爱，美好在她的生活中逐渐展现。

女孩在朋友的建议和帮助下学会了做情绪的主人，此后她的生活就变得轻松简单。一个人如果能在面对任何事情时控制住自己的情绪、欲望和恐惧，那么他就能成为自己的王者。

在日常的人际交往中，小的摩擦、冲突不可避免，在面对这些事情的时候，控制住自己的怒火，用一个微笑、一句"对不起"来代替怒目相视、恶语相向，往往更容易收获美好的结果。控制好自己的情绪，就能随之调动和感染其他人的情绪，至少面对善人可以多一个朋友，面对恶人也可以避一份灾祸。

有一个姓范的老翁开了一家当铺。一年年底，他忽然听到门外一片喧闹声。他出门一看，原来门外有位穷邻居。

站柜台的伙计就对范老翁说："他将衣服押了钱，空手来取，不给他，他就破口大骂。有这样不讲理的人吗？"

门外那个穷邻居仍然气势汹汹，不仅不肯离开，反而坐在当铺门口。

老翁见此情景，从容地对那个穷邻居说："我明白你的意图，不过是为了渡年关。这种小事值得一争吗？"于是，他命店员找出那个典当之物，共有衣服蚊帐四五件。

老翁指着棉袄说："这件衣服抗寒不能少。"又指着外袍说："这件给你拜年用。其他的东西不急用，那就留在这里吧。"

那位穷邻居拿到两件衣服，不好意思再闹下去，于是立刻离开了。当天夜里，这个穷汉竟然死在别人的家里。

原来，穷汉同人家打了一年多的官司，因为负债过多，不想活了。于是就先服了毒药，他知道老翁家富有，想敲诈一笔。结果老翁没吃他那一套，于是他就转移到了另外一家。

范老翁看似未卜先知，其实不然，后来范老翁道出了其中的缘由："凡是无理挑衅的人都一定有所图谋，如果面对这些人的时候不能够控制好自己的情绪，那么灾祸就将到来。"

范老翁通过有效控制自己的情绪将祸端化险为夷，如果不是这样，在面对穷汉的无理刁难时，范老翁大动干戈，与他争吵或是动起手来，那就上了穷汉的当，给自己惹了麻烦。所以，要想克服生活中的不利情形或是阴谋诡计，只能通过控制自己的心性以不变应万变，才能化被动为主动。

成大事者必然有一颗冷静的心，一个无法控制自己心性的人，想要去控制别人也只能是妄想。

不要撒下仇恨的种子

老子说："和大怨，必有余怨。"（《道德经·第七十九章》）

意思是说：和解了大的仇怨，难免还有余恨在心。这个道理好比割肉成伤，伤好了，伤疤还在。所以，化解大怨并不是最好的方法，最好的方法是不要结怨，否则就可能给自己招灾惹祸，春秋时的曹共公就是一个最好的例子。

晋公子重耳逃亡到曹国时，曹共公不愿意接待他。大臣僖负羁劝他说，重耳的眼睛有两个瞳仁，肋骨连为一体，这是"贵相"，值得结交。曹共公一听，顿起好奇之心，想看看重耳的瞳仁和肋骨到底长成什么样，马上下令接待。

重耳被安排住在旅馆里，接待人员只给他送上一碗白饭，连一碟小菜都没有。重耳受到怠慢，很生气，没有吃。接待人员又安排他洗澡，重耳奔波多日，风尘仆仆，遂欣然同意。正洗着，房门突然大开，曹共公带着几个宠臣走进来，嘻嘻哈哈地指点着重耳的肋骨，大发议论。重耳又羞又恼，但人在矮檐下，不得不忍气吞声。

僖负羁建议曹共公厚待重耳，未被采纳，回到家里，闷闷不乐。妻子问他为什么不开心，他说出了原因。妻子劝他说："我早听说，重耳有万乘之主的气象，他身边的随从都是将相之才。现在他们在曹国受到侮辱，将来一旦得势，一定会报复。你若不提前结交，将来一定要跟着倒霉。"

僖负羁听从夫人的劝告，连夜派人给重耳送去饭食和珍宝。重耳吃了他送来的饭菜，却把珍宝退了回去。僖负羁更加佩服重耳的人格。

后来，重耳结束流亡生涯，当上晋国国君。即位三年，他就出兵灭掉了曹国。曹共公及其亲信大臣基本被杀光，只有僖负羁安然无恙。

这个曹共公为了满足一点儿可怜的好奇心，竟然不惜得罪一国王子，真是愚不可及。僖负羁知道做人要留余地的道理，事先化解了怨恨，可谓深得自保之道。

在生活中，结怨的一个主要原因是利益竞争，这是没有办法的事，但在竞争过程中，自己求生存、求发展的同时，也该给别人留活路，否则就可能招致激烈的反击。

战国时，范雎在魏国大夫须贾门下当家臣，以才能闻名诸侯。

有一次，他陪同须贾出使齐国，齐襄王赠他黄金美酒表示厚爱，却对须贾很是冷落。须贾心里又嫉妒又气恼，回国后向相国魏齐进谗说：范雎里通外国，泄露国家机密，希望相国以国家大局为重，尽早将其除掉。

范雎被魏齐抓起来，严刑拷打，打得齿落骨折。范雎装死，须贾命人往他身上淋小便，然后抛尸荒野。范雎忍着身体伤残，逃到秦国，化名张禄。当时秦王正在广揽天下英才，范雎因才能出众，被聘为相国。

秦王采用范雎的"远交近攻"之策，欲派兵攻打韩、魏。韩王急忙整军备战，魏王被吓得不敢上朝。相国魏齐按魏王的意思，派须贾出使向秦国求和。

范雎听说是须贾来秦，就打扮成乡野村夫的模样，穿上破烂衣服，将头发弄乱，在脸上抹了些土，顺着小道，直奔须贾歇息的馆驿。须贾倒还认得他，笑问："莫非你是来秦国讨官做的？"

范雎假装惨然一笑："我得罪魏国宰相，侥幸逃到这里，哪里还敢再去做官？"

须贾问："你在秦国，以何为生啊？"

"不过是在相国张禄家里扫院子，勉强糊口罢了。"

须贾认为，只有秦相张禄可以说服秦王，就请范雎引见，却不知眼前之人就是张禄。

须贾来到张府，范雎早已换了一副样子，身着绸缎衣服，威严地坐在堂上。须贾这才明白是怎么回事，想逃走却来不及了，早就被卫兵团团围住。

范雎冷笑道："当日你诬蔑我里通外国，今日我以其人之道还治其人之身，也让你尝尝蒙冤受屈的滋味。我问你，你私闯相府，到底想干什么？"

还不等须贾喊冤，范雎便叫人打了他一百大板，又喂他吃了一筐草料。须贾被整得气若游丝，差点儿丧命。范雎见报仇的目的已达到，便请大夫替须贾医治，然后请秦昭王率兵攻打魏国。

须贾因为嫉妒心理作怪，不惜违背天理良心，下狠心伤害自己的部下，最后给自己招来了灾祸，难道不是报应吗？

被人揭短，调整心态为上策

有这样一个人：他忌讳自己头上的癞疮疤，又认为他人"还不配"有呢；被别人打败了，他心里就想："我总算被儿子打了，现在的世界真不像样……"于是他"胜利"了。

乔阿姨是一名残疾人，走路有些不便，因此不太好找工作。

后来，社区帮她在一家事业单位找到一份保洁员的工作。

一天，乔阿姨在走廊遇见一个来办事的男人。男人看到乔阿姨的手不太灵活，就跟旁边的同事说道："这里居然有残疾人，这家单位可是很难进来的。"

男人的声音不大不小，正好被乔阿姨听到了。同样听到这句话的，还有单位的人事专员晓静。

男人走后，晓静依然很生气，她对乔阿姨说："他这样的人真是可恶，我要告诉领导。乔阿姨，你别放在心上。"

乔阿姨笑了笑说："丫头，我年轻的时候也是个心直口快的人。那时候，谁要是揭我的短处，我一准上去骂人。可我现在上年纪了，很多事情就想开了。别人说什么是他的事情，我做好自己的事情就好了。要总是生这种犯不着的气，那我就没法干活儿喽。"

阿Q是鲁迅先生撰写的《阿Q正传》中的主人公，他家境贫寒，没有赖以为生的工作，靠给别人做短工养活自己。因此，那些比他过得好的人总是欺负他，揭他的短处。可是阿Q并不会恼羞成怒，他总是能平静地面对。这是因为阿Q会精神胜利法，被称为阿Q精神。

那么，阿Q精神是什么呢？比如，乔阿姨被人揭了短处，就安慰自己："没必要为此生气。"也就是说，阿Q精神就是让自己想开些，不会因为他人揭了自己的短处就闷闷不乐，甚至郁郁寡欢。本质上看，阿Q精神是学会给自己减压，不让别人的只言片语在自己心里产生压力。

生活中，一些性格比较直接的人，如果被人揭了短处，瞬间就会恼羞成怒，严重者甚至会与对方发生肢体冲突，最后的结果只能是两败俱伤。而那些迫于某些原因不能发脾气的人，也会因为被人揭短而闷闷不乐，而这种不愉快的情绪堆积在心里久了，就会生病。

诚然，被人揭了短处，尤其是当众揭短，又羞又愧是很正常的。与人争执并没有什么积极意义。与其如此，还不如调整自己的心态，唤醒自我的阿Q精神，消灭心理压力。

每个人都有不完美的地方，正视自己的短处，就能更好地面对它。学会自嘲，其实是一种自我减压的有效方法。当然，自嘲是心甘情愿的，不是为了迎合某些环境。别人要说什么，我们无法控制，唯一能做的，就是不让自己因为这些言论而失去自我。

周政是一家家具公司的厂长，某次吃早饭的时候，妻子在家人面前揭了他的短处，他生气地放下碗筷，没吃完早饭就去上班了。

临走前，妻子一直道歉说："我只是跟你开个玩笑，不要生气啦。"

而周政面无表情地回了句："嗯。"

从家出来后，周政直接去了客户的公司。与新客户洽谈的时候，在家具的细节问题上，双方有些不同意见。周政是个直性子，心情不好，懒得与对方纠缠，当即就气冲冲地回去了。

心情平复后，周政有些后悔，其实不应该与妻子生气，还白白损失了一个客户。转念想到，公司里的职员有时候也会被上级"调侃"，他们被同事或者上级揭了短处，又不能对上级发脾气。不快的情绪堆积在心里，势必会影响员工的工作效率。那么，该如何解决这个问题呢？

忽然，周政看到了桌上那本《阿Q正传》，顿时有了办法。"可以设置一个'出气室'，设置一些可以打的玩偶，让员工们去发泄不良情绪。"

周政的想法很快就被付诸实践了。后来他发现，公司的业绩确实提高了。

"出气室"其实就是灵活运用了阿Q精神胜利法的实践。员工们通过击打玩偶来表达自己的愤懑，他们将玩偶想象成揭自己短处的上级或者同事，发泄过后，心情就会变好，就能心情愉悦地开始工作了。

阿Q精神对情绪经常失控的人来说，是一剂良药。直性子的人被人揭了短处，运用了阿Q精神胜利法，就能使自己得到安慰，不至于因为这些事情而与人发生摩擦。

我们没有能力改变别人，但是我们可以改变自己的心情，改变自己对事情的态度。阿Q精神胜利法对生活在快节奏社会中的人来说，不失为一种调整心态、排解不良情绪的好方法。

每个人都会遇到被人揭短的时候，直性子的人大多会直接反驳，你说一句，对方回一句。一言不合，就会演变成肢体冲突。这样不仅很不理智，还会给其他人留下心胸狭窄、善斗的坏印象，得不偿失。

那么，遇到别人揭短，我们该怎么办呢？

首先，切忌"以牙还牙"。被人揭了短处，最好大方地一笑而过，因为越是在意这件事情，就会越难受。或者不理睬对方的言论，他们会自觉无趣，也不会再继续下去了。毕竟每个人都是不完美的，谁也不喜欢被人揭短。

其次，试着转移对方的话题，制止对方继续说下去。被人揭了短处，不要急着生气，先冷静下来，换个话题。如果感觉有些尴尬，暂时想不到其他的话题，可以喝杯茶，不接对方的话，或者用冷漠的眼神来制止对方继续揭短。你不去接他抛出来的话题，他自然就会觉得无趣，相反，你越是跟他争辩，或者生气，他就越是要刺激你。

最后，想开些，宽容才是最重要的。有时候，别人只是想开个玩笑，或者即兴想到的话题，并不是刻意地想揭你的短，或者故意地冒犯你。要多把他人往好的方面想。退一步讲，如果对方真的是怀有恶意而揭你的短，那就想开点，用良好的心态来面对它。毕竟大部分人还是喜欢跟大度的人交往的，那些总是喜欢揭别人短处的人迟早会被疏远。

用刀剑去攻打，不如用微笑去征服

微笑是人的宝贵财富，是自信的标志，也是礼貌的象征。人们往往依据你的微笑来获取对你的印象，从而决定对你所要办的事的态度。只要人人都献出一份微笑，办事将不再感到为难，人与人之间的沟通将变得十分容易。

现实的工作、生活中，一个人对你满面冰霜、横眉冷对，另一个人对你面带笑容、温暖如春，他们同时向你请教一个工作上的问题，你更欢迎哪一个？显然是后者，你会毫不犹豫地对他知无不言，言无不尽；而对前者，恐怕就恰恰相反了。

一个人面带微笑，远比他穿着一套高档、华丽的衣服更吸引人注意，也更容易受人欢迎。因为微笑是一种宽容、一种接纳，它缩短了彼此间的距离，使人与人之间心心相通。喜欢微笑面对他人的人，往往更容易走入对方的天地。难怪学者们强调："微笑是成功者的先锋。"的确，如果说行动比语言更具有力量，那么微笑就是无声的行动，它所表示的是："你使我快乐，我很高兴见到你。"笑容是结束说话的最佳"句号"，这话真是不假。

有微笑面孔的人，就会有希望。因为一个人的笑容就是他传递好意的信使，他的笑容可以照亮所有看到他的人。没有人喜欢帮助那些整天愁容满面的人，更不会信任他们。很多人在社会上站住脚是从微笑开始的，还有很多人在社会上获得好人缘也是从微笑开始的。

每个人都希望自己能给别人留下好印象，这种好印象可以创造出一种轻松愉快的气氛，可以使彼此结成友善的联系。一个人在社会上就是要靠这种关系才可立足，而微笑正是打开愉快之门的金钥匙。

有人做了一个有趣的实验，以证明微笑的魅力。

他给两个人分别戴上一模一样的面具，上面没有任何表情，然后，他问观众更喜欢哪一个人，答案几乎一样：一个也不喜欢，因为那两个面具都没有表情，他们无从选择。

然后，他要求两个模特儿把面具拿开，现在舞台上有两张不同的脸，他要其中一个人愁眉不展并且一句话也不说，另一个人则面带微笑。

然后他再问观众："现在，你们对哪一个人更有兴趣？"答案也是一样的，他们选择了那个面带微笑的人。

如果微笑能真正地伴随你生命的整个过程，这会使你超越很多自身的局限，使你的生命自始至终生机勃发。用你的笑脸去欢迎每一个人，那么你会成为最受欢迎的人。

现代生活节奏太快，有不少人得了抑郁症或其他的心理疾病，这时我们不妨也采用"笑疗"的方法，自己为自己治病。具体的做法是：

1. 当自己感觉苦闷、忧愁而又难以摆脱时，采取"逆向思维"法，多看看相声、小品、喜剧，在阵阵欢笑中化开心中的郁结，这或许比药物更管用。

2. 多和那些喜欢幽默，又好说笑话的朋友接触。与他们在一起，幽默的话语不绝于耳，一个个笑话让人心中充满欢悦，有时还能从笑声中得到不少人生的感悟。

3. 平时多看些欢乐的演出或电视节目。像文艺演出，还有电视及电台中的娱乐节目等，听着看着，你会沉浸在会心的笑意中，那些郁闷就会一扫而光。

4. 找友人聊天，和性格开朗的人相聚，把心中的不快说出来，给心灵来个"减负"，并从别人的劝解中释疑解惑，同时对方的幽默语言会让你发笑，从而获得好心情。

5. 找个环境幽雅之处，静下心来专门去想那些快乐的事。或是一段相声，或是一件让人捧腹的事，也可以使自己突发奇想，假设出一些让人笑的事，这样你会情不自禁地笑出声来。"笑疗"可让朋友为你治"心病"，但大多还是自我疗法，也不用去医院，更不用花钱，可谓简便易行，且无副作用。你若受到不良情绪的困扰，不妨试一试。

不生气等于消除坏情绪的源头

抱怨就好像一种可以迅速传开的疾病，能在最短的时间里在人群中扩散开来。所以像下面这样的事情，你也许会经常看到：

张敏是某个公司的员工，已经在公司干两年了，但是公司一直没有给她涨工资。老板总是说，公司的发展还没有上轨道，所以一些不必要的开销能省就省，所以很多时候连员工的饭补也省了。公司主管还经常在快要下班的时候开会，一开就是很长时间，占用了员工的很多私人时间。

这个月，张敏一直在领导的强制下加班，可是到了月末，公司并没有给加班费，这让张敏越想越气，所以公司之前种种不合理的做法，她也一起想起来了。

她越想越气，恰好赶上同事李佳走进了办公室，她就把所有的不满和牢骚都跟李佳说了。李佳一听，也觉得公司太过分了，明显地克扣工资，还总是占用他们那么多私人时间，实际上就是变相加班，也觉得很生气，所以越说情绪越激动。

渐渐地，办公室里的人多了起来。大家都加入了张敏和李佳的行列，开始为张敏抱不平，也数落公司的种种不是。你一言我一语的，说个没完。

看到这样的情形，你也许会很奇怪，刚开始一个人的不满情绪，怎么会那么快就传染给了每一个人？下面我们来分析一下：

我们都知道，人类具有很强的模仿天性，而且具备很强的情绪传染共性。通常情况下，看到身边的人在做什么，很容易就跟着他去做。这样的行为是没有加入任何思考因素的，而是下意识地模仿。所以看到别人在抱怨，就不自觉地跟着抱怨，是模仿的作用。此外，人跟人之间是很容易被感染的，比如你看见一个人哭得很伤心，那么你的心情也很难快乐起来，有时候甚至会跟着哭；工作中，你的同事觉得有些疲倦，他把这样的信息传达给你的时候，你也会逐渐地意识到自己有些累了……这就是相互感染。所以，当那些同事看到张敏和李佳很生气的时候，心里也会跟着产生不满和气愤的共鸣，所以导致大家都跟着抱怨。

在生活中，我们说抱怨的话，是不可能向跟我们无关的人说的。那些倾听我们怨言的人，往往都是跟我们比较亲近的人，或者在某种利益上能够达到共识的人。所以，你的问题很可能也是他的问题，你说出来的话，尽管他当时没想到，可能在你说出来以后，他就会觉得："对，事情就是这个样子的。"一旦在精神上达成了共识，那么你就成功地把抱怨的情绪传给他了。

所以说，抱怨就好像一场传染病，一场瘟疫，能够在最短的时间内在人群中传播。可是，如果我们能够摆正心态，将抱怨的心理从自己的身上剔除，我们就等于是给抱怨消灭了一个传播源头。如果生活中的每一个人都不再去做这个传染源，那么我们的身边也就不存在抱怨了。

第七章

地低成海，人低成王
——把自己当小人物处世

没有能力，还总喜欢高高在上的人，总会被人轻视，让人耻笑；真正拥有能力的人，也有许多喜欢高高在上，同样让人感到厌恶，甚至被人加以陷害。因此，一个人要想受人欢迎，并且让自己的人生之路更加顺畅，就应该放低自己，低调做人。

真正的牛人表面看起来都很平凡，和普通人没什么两样，他们从不摆架子，却很受人们欢迎，办起事来也异常顺利，这就是他们能力的体现。

得意忘形，乃人生大忌

得意时更要注意自己的言行，只有在言辞上低调，才能更好地保护自己。

有这样一则寓言：

一只野兔被老鹰捉住了，害怕得大哭大叫。这时，一只乌鸦飞了过来，得意忘形地对野兔说："你平时不是跑得挺快吗，这次怎么不跑了？看，还是我们有翅膀的好啊。"接着便大谈自己翅膀的好处，说到忘情处，还手舞足蹈起来。

正在这时，另一只老鹰突然飞下来捉住了它，它将落得和野兔一样的命运了。野兔在断气之时，对乌鸦说："啊，你方才还在为自己的平安而得意忘形，现在你也该哀叹和我有着同样不幸的命运了。"

乌鸦的悲剧值得我们反思。一个人事业有成，或加官晋爵之时，当然值得庆贺，但这种庆贺也应保持适当的尺度，绝不能得意忘形。

特别是在言辞上，那种"上嘴唇顶天，下嘴唇顶地"的高谈阔论还是少一些为妙，因为在你的身边还有一些失意的人，你的张扬会引起他们的心态失衡；有时还会刺激他们做出一些超出自己能力控制范围的事情，以至于给你带来不必要的麻烦。在失意的朋友面前更要注意自己的言行，只有在言辞上低调，才能融入朋友，从而更好地保护自己。

因得意忘形而使自己身败名裂的人不只现在有，古代也有许多。三国时期，蜀国的大将魏延就是一个典型代表。

在蜀国的全盛时期，魏延也算一员猛将，但在"五虎将"面前还算不了什么。经过东征西伐，"五虎将"相继死去，魏延就成了无人能敌的战将，他也由此有了值得骄傲的资本。此间他不但被封为南郑侯，还被称为征西大将军。

但魏延并不像诸葛亮那样为蜀国大业鞠躬尽瘁和竭尽忠诚，而是想自图霸业。他当时的心态已膨胀得不能自控，觉得自己已经是天下第一高人，无人能与其匹敌了，于是他得意忘形起来。

当姜维斥责他说："反贼魏延！丞相不曾亏你，今日如何背反？"

魏延横刀勒马而言："伯约，不干你事。只教杨仪来！"

杨仪在门旗影里，拆开锦囊视之，如此如此。杨仪大喜，轻骑而出，立马阵前，手指魏延而笑曰："丞相在日，知汝久后必反，教我提备，今果应其言。汝敢在马上连叫三声'谁敢杀我'，便是真大丈夫，吾就献汉中城池与汝。"

魏延大笑："杨仪匹夫听着！若孔明在日，吾尚惧他三分；他今已亡，天下谁敢敌我？休道连叫三声，便叫三万声，亦有何难！"遂提刀按辔，于马上大叫："谁敢杀我？"

一声未毕，脑后一人厉声而应曰："吾敢杀汝！"手起刀落，斩魏延于马下。众皆骇然。斩魏延者，乃马岱也。

原来孔明临终之时，授马岱以密计，只待魏延叫时，便出其不意斩之。当日，杨仪读罢锦囊计策，已知伏下马岱在魏延身边，故依计而行，果然杀了魏延。

踌躇满志、春风得意，是人人向往的人生境界。但是得意却不可忘形，如果被一时的得意冲昏了头脑，就会故步自封、停滞不前。要随时保持清醒的头脑，懂得时刻反省自己，这样才能顺利一生。

一个人心里再怎么得意，也必须加以节制，否则自己的心意就很容易被对方猜透。喜怒形于色，易于冲动，思想偏激，就会歪曲我们的判断，使我们因失控而幼稚、肤浅。

在人生与交际中，得意忘形乃是人生之大忌。凡事心里有底，嘴上不声张，这才是能成大事的人。

矮人一截不等于低人一等

低调的人虽不张不扬、不温不火，内心却自信自尊，他们"上交不谄，下交不渎"，以一种独特的风范维护着自己的尊严。

这里说的"矮人一截"里面的"矮"，并不是指个头儿，而是指低调做人，是取得成就时的不张扬，与人发生冲突时的忍让，帮助别人时的不炫耀，在人群中的不显露……低调做人者不显山、不露水，不让别人觉得自己"高人一等"，但也不会因为自己的忍耐和退让而让人觉得他们就是"低人一等"，他们会用自信、自尊来维护自己的尊严。

如今已是某保险公司股东会成员之一的赵丽回忆起自己的成功经历时说，她所卖出的数额最大的一张保单不是在她经验丰富后，也不是在觥筹交错中谈成的，而是在她第一次推销的时候。

这是赵丽所在市最大的一家合资电子企业，向这样的企业进行推销，赵丽不免有些胆怯，毕竟这是她的第一次推销。然而，再三思虑后，她还是壮着胆子进去了。当时，整个楼层只有外方经理在。

"你找谁？"他的声音很冷漠。

"您好，我是保险公司的业务员，这是我的名片。"赵丽双手递上名片，心里有些发虚。

"推销保险？今天已经是第三个了。谢谢你，或许我会考虑，但现在我很忙。"老外的发音直直的，像线一样，听不出任何感情色彩。

赵丽本来也不指望那天能卖出保险，所以毫不犹豫地说了声"sorry"就离开了。

如果不是她走到楼梯拐角处时下意识地回了一下头，或许她就这么走了，以后也不会有任何事情发生。

赵丽回了一下头，看见自己的名片被那个老外一撕，扔进了废纸篓里。赵丽感到非常气愤，于是她转身回去，用英语对那个老外说："先生，对不起，如果您不打算现在考虑买保险的话，请问我可不可以要回我的名片？"

老外的眼中闪过一丝惊奇，旋即平静了，耸耸肩问她："为什么？"

"没有特别的原因，上面印有我的名字和职业，我想要回来。"

"对不起，小姐，你的名片让我不小心洒上墨水，不适合还给你了。"

"如果真的洒上墨水，也请您还给我好吗？"赵丽看了一眼废纸篓。

片刻，老外仿佛有了好主意："这样吧，请问你们印一张名片的费用是多少？"

"五毛，问这个干什么？"赵丽有些奇怪。

"好吧。"老外拿出钱夹，在里面找了片刻，抽出一张一元的："小姐，真的很对不起，我没有五毛零钱，这张钞票算我赔偿你的名片，可以吗？"

赵丽想夺过那一块钱，撕个稀烂，告诉他自己不稀罕他的破钱，告诉他尽管自己是做保险推销的，可也是有人格的。

但是，她忍住了。

她礼貌地接过那一元钱，然后从包里抽出一张名片给了他，并说："先生，很对不起，我也没有五毛的零钱，这张名片算我找给您的钱。请您看清我的职业和我的名字，这不是一个适合进废纸篓的职业，也不是一个应该进废纸篓的名字。"

说完这些，赵丽头也不回地转身走了。

没想到，第二天赵丽就接到了那个外方经理的电话，约她去他公司。

赵丽几乎是趾高气扬地去了，打算再次和外方经理理论一番。但是，外方经理告诉赵丽的是，他打算从她这里为全体职工购买保险。

赵丽不卑不亢的做法最终使她赢得了外方经理的尊重，也书写了大大的"人"字。她看到别人有地位、有金钱时并没有觉得矮人一截，也没有对侵犯人格的举动视而不见，而是让对方明白了尊严的真正意义。因为自重，她赢得了尊重！

低调的人就是这样，他们能够正确认识、分析自我，明白自己的优势和劣势，不以自己的短处与人家的长处相比，更不以自己的劣势与人家的优势相论。他们能摆正自己的位置，摆脱"低人一等"的心理，发挥自己的所长，以平常之心对待，显出足够的自信，从而在处世过程中从容自如、游刃有余。

鹤立鸡群难免被鸡啄

如果想在这个纷杂的社会中明哲保身，最好放弃自身的优越感，做个"没有气势"的人，这样才会比较安全。

有句话说得好:"出头的椽子先烂。"这确实是客观世界中不争的事实。出头的椽子总是比不出头的椽子要承受更多的风吹雨打,日复一日,年复一年,自然比别的椽子要腐烂得早。

同样的道理也适用于我们的生活,那些喜欢高调地炫耀自己成就的人,往往更容易遭到别人的嫉妒,要承受更多的舆论压力。所以,人们在风光尽显之时,一定要学会用低调的盾甲保护自己,否则就有可能将自己置于危险的境地。

西汉有位官员叫杨恽,重仁义、轻财物,为官廉洁奉法,大公无私。可正当他官运亨通、春风得意的时候,有人嫉妒他位高名显,便在皇帝面前告了他一状,说他对皇上心怀不满,表现得那么出色是为了笼络人心,图谋不轨。

皇帝当然厌恶有人和他唱对台戏,尤其不能忍受别人意图谋权篡位。经人这么一告发,皇帝一气之下,就把杨恽贬为了平民。

原先做官时,杨恽就想添置家产,但是怕别人说他不廉政,现在下野了,反倒乐得轻松。他以置办财产为乐,每天在忙忙碌碌的劳动中得到快慰。

他的好朋友孙会宗听说了这件事,认为他近日的举动可能会闹出大事来,就写了一封信给杨恽,信里说:"大臣被免掉了,应该关起门来表示'心怀惶恐',装出可怜的样子,免得人家怀疑。你不应该置办家产,搞公共关系,这样容易引起人们的非议。让皇帝知道了,不会轻易放过你的。"

杨恽很不服气,回信给老朋友说:"我自己认为确实有很大的过错,德行也有很大的污点,理应一辈子做农夫。农夫很辛苦，没有什么快乐，但在过年过节杀牛宰羊，喝喝酒、唱唱歌，来慰劳自己，总不会犯法吧！"

虽然说"身正不怕影子歪"，可是人心叵测，总是有人把他视为眼中钉、肉中刺，再一次向皇帝告发，说杨恽被免官后，不思悔改，生活腐化。而且，最近出现一次不吉利的日食，也可能是他造成的。

皇帝大惊，急忙下令迅速将杨恽缉拿归案，以大逆不道的罪名将他腰斩，还把他的妻儿子女流放到甘肃酒泉一带。

这一悲剧的酿成，就是因为杨恽不懂得低调保身的哲学。被免官之后，他本来应该接受友人的劝告，采取低调的策略，装出一副诚惶诚恐的可怜样子，就不会给别人落下话柄。可他非但没有接受教训，还置办家产，广交朋友，风光度日，这不是"树大招风"、自招祸害吗？所以，如果你已经从高处跌落低谷，就应该适应低处的环境，调整自己处世的方式。即使你是一只"鹤"，如果已经进入了"鸡群"，也要懂得低下你长长的脖子。

通常情况下，我们所说的"鹤立鸡群"包含两层含义：第一层含义是，为人优秀，在人群里非常引人注目。这样的人很容易吸引众人的目光，也很容易发达，可是也会因为注意的人太多而要承受过多的压力，遭人嫉妒或者平增许多莫须有的罪名，让自己的精神备受打击。同样的错误，放在别人身上也许会被原谅，可是放到优秀的人身上就会被无限放大甚至招来祸端；同样的事情，别人可以轻松去做、去享受，而当备受人们关注的人也去做的时候，就会被人指点和批评。

因此，越是春风得意之时，越要经常反躬自省、不显不露、低头做人，只有这样才能减少别人投放在我们身上的目光，减少自己所承担的压力，让自己的生活变得轻松。

第二层含义是，曾经是鹤，被无情打压和排挤之后，失去了先天的优势，不得不在鸡群里委屈地生活。也许你会觉得，自己的经历完全可以应付现在平淡的生活，也完全可以在"鸡群"里崭露头角，可是不要忘记，人们总是习惯于从自己的利益角度来看事物。如果你做了伤害他们利益的事情，他们就会用你曾经的经历作为把柄来进行攻击，毕竟在他们的眼里，你已经风光不再，甚至还到处都是敌人。所以，即使是落井下石，他们也不会介意。

不管是哪一种状况，只要是鹤立鸡群，鹤永远都是处于苦难的边缘。只有学会低调，不让别人感觉到你是异类，才能逃离一些不必要的折磨，安心地过属于自己的生活。

放低身段，会使高贵者更高贵

如果位居高位的人能放低姿态俯就众人，以平易随和的态度对待众人，做到华而不显、贵而不炫，就一定会赢得众人的拥戴、人心的归附。

有人说：高贵者最愚蠢，卑微者最聪明。意思是：以为自己高贵的人是最愚蠢的，而能放下身段、体察民情、了解民意，由此学到知识的人才是最聪明的。其实高贵和卑微并非先天造就的，而是由人自身的态度和处世的方式决定的。

五代时南唐有位画家叫钟隐，他从小喜欢画画，经名师指点，自己又刻苦练习，年纪轻轻就成了名。从此，家中的宾客络绎不绝。要是换了肤浅的人，遇到这种情况，一定会自鸣得意、沾沾自喜，可是钟隐对这一切却无动于衷，每天仍然在书房里潜心作画。

钟隐深知自己山水画已经很有功力，但花鸟画还很欠缺。要想画好，必须有名师指点，于是他四处打听哪里有擅画花鸟的名师高手，自己好前去拜师学艺。

这一天，他与故人侯良一起喝酒，钟隐问侯良是否能给自己引荐个擅画花鸟的名师。侯良说："我的内兄郭乾晖就很擅长画花鸟画。不过他性格古怪孤僻，别说收学生，就连自己画的画儿也轻易不给人看。更怪的是，他画画还总躲着人，恐怕人家把他的技法偷学去。"

钟隐倒觉得郭乾晖这个人很有意思，他如此保守，恐怕必有诀窍。可是，怎么才能接近他呢？这倒得费费脑筋了。钟隐四下打听，听说郭乾晖要买个家奴。

于是，钟隐打扮成仆人的样子，到郭府应聘去了。郭乾晖见钟隐长得非常机灵，就留下了他。

在郭府，钟隐每天端茶递水，打扇侍候，什么杂活儿都干。向来写字画画的他虽然感觉很辛苦，但是一想到能够看到郭乾晖画的画，就有了坚持下去的动力。

为了能够亲眼看见郭乾晖作画，钟隐尝试了各种办法，坚持不离郭乾晖左右。可是每次作画的时候，郭乾晖不是让他去干这，就是让他去干那，想方设法把他打发走。就这样，钟隐还是没有看到郭乾晖作画。

一连两个月过去了，钟隐还是一无所获。几次他都起了走的念头，但心中又总是还有一线希望使他留下来。

钟隐没有把自己为奴学画的事情告诉任何人，连他的妻子也只知道他是出远门去会朋友。钟隐毕竟是个名人，每日高朋满座，可这些日子，朋友来找他，家人都说他出门了，问去哪儿了，又都说不知道。时间一长，人们就起了疑心。最后连家人也疑心重重，特别是钟夫人，非要把他找回来不可。

有一天，郭乾晖外出游逛，听人家说名画家钟隐失踪了两个月，连家人也不知他去了哪儿。再听人家描述钟隐的岁数和相貌，跟家里的那个年轻人很相像，他也正好来家里两个月。

"怪不得他总想看我作画呢！"郭乾晖恍然大悟，急急忙忙地跑回家，把钟隐叫到书房里，说道："你的事情我全知道了。为了学画，你不惜屈身为奴，实在使老夫惭愧。我多年来不教学生，自有我的道理，今天遇到你这样虚心好学的青年，我也不能不破例，将来你会前途无量的。"

就这样，钟隐以执着的求学精神感动了郭乾晖，名正言顺地成了他的学生，郭乾晖把自己多年的体会和技艺毫无保留地传授给了钟隐。

钟隐为了拜师学艺，不惜自降身价，他这份诚挚的心意终于打动了执拗的郭老前辈，获得了学画的机会。

由此可见，放下身段并不会让我们变得卑微，懂得低头也并不是一种懦弱。所以，当我们急于出头或急于求成时，不妨学习一下钟隐，放下自己的身段，潜心求学，这样我们才能拥有更多的收获，离成功更近。

在生活中，总是有人担心如果自己放下身段会被他人嘲笑和贬低，其实这样的顾虑是没有必要的。

通常情况下，人们评价一个人是高贵还是卑微，不会只看到他的身份和地位，而是更注重他的品行和道德。路边上的乞讨者即便衣衫褴褛、身无分文，可当他把乞讨来的钱捐给更需要的人时，没有人会觉得这个乞丐是卑微的。身着名牌、打扮得体的绅士弯腰递给乞丐钞票，只会让人觉得绅士有教养而不是"掉价"了。

所以，真正高贵的是人的心灵，真正卑微的也是人的心灵。一颗高贵的心灵，每个普通的人都有权利拥有。

只要我们心中拥有对美好生活的勾画，并为了追求自己的理想而不顾惜自己的身份和地位，那么即使现在我们正做着一些有悖于自己身份的事情，也不会有人说我们卑微。相反，因为心灵上绽放的光辉，我们的生命会变得更加高贵。

用装糊涂的方式，让对方真糊涂

装糊涂装得像，才会让别人信以为真，这时你再想办法对付他，就等于在对付傻瓜，自然不费吹灰之力。

司马懿在三国历史上是出类拔萃的人物，街亭一战，诸葛亮玩了个"空城计"的小花招，他中计上当，退兵三十里；可到了五丈原，他采取以守为攻的办法，不理睬诸葛亮的激将之法，硬是活活耗死了诸葛亮。曹操当政时就对他另眼看待，及至曹操之子曹丕当了皇帝，更是将他倚为朝廷柱石，曹丕死时，嘱他辅佐新君曹叡；曹叡死时，又嘱他辅佐下一代新君——年仅八岁的曹芳。

司马懿真可谓魏王朝的三朝元老了。同时受命辅佐曹芳的还有大将军曹爽。二人实际共同掌握了曹魏的军政大权。他俩各领精兵三千余人，轮番在殿中值班。曹爽虽为宗室皇族，但资历、声望、经验、才干均远不如司马懿，所以曹爽开始还不得不倚重司马懿，对他以长辈相待，引身卑下，每事必问，不敢独断专行，两人关系还算和睦。

当时，曹爽门下有清客五百人，其中毕轨、何晏、邓扬、丁谧等常在曹爽周围，为他出谋划策。他们不断向曹爽进言，认为司马懿对皇室是潜在的威胁，不可对他推诚信任。

曹爽遂于景初三年（239）二月，使魏帝下诏，说司马懿德高望重，理应位至极品，因而从太尉升为太傅。这一明升暗降的办法，使司马懿的兵权被剥夺。以后尚书奏事，均先经过曹爽，大权遂为其所独揽。

紧接着，曹爽又将其三个弟弟和自己的心腹都安排在比较重要的岗位，执掌实权，朝中要职全为曹爽之党控制，一时曹爽权倾朝野，满门称贺。

对于曹爽及其党羽的夺权之举，司马懿早已看破其用心，但司马懿并未一怒而起。他洞察形势，认为自己目前处于不利地位，曹爽身为宗室，是功臣曹真之后，而自己却为外姓，是曹氏政权猜忌防范的对象，不可马上采取过激的对抗行动。

于是，面对曹爽咄咄逼人的进攻声势，司马懿以退为守，把政权拱手让给曹爽，并以年老病弱为由，不问政事。这使得曹爽的政治警惕逐渐放松，自以为大权在握，可以放心地寻欢作乐、纵情声色，名声也就一落千丈了。

后来，曹爽对司马懿的病感到有些怀疑，恐怕其中有诈，正巧此时曹爽的亲信李胜将出任荆州刺史，曹爽命他向司马懿辞别，乘机伺察司马懿生病的真相。

司马懿知道曹爽派李胜辞行的用意，故意表现出一副衰病之容。他躺在病床上，两个婢女在他身边服侍，他想拿过衣服来穿，但由于手抖而使衣服滑落在地上。他指口言渴，婢女端进粥来，他只能勉强将嘴凑到碗边，让婢女一勺勺地喂他，稀粥顺着他的嘴角流出来，弄得胸前衣襟湿漉漉的，十分狼狈。

李胜对司马懿说："这次蒙皇上恩典，派我担任荆州刺史，特来向太傅告辞。"司马懿假装眼昏耳聋，故意将"荆州"听成"并州"，他说："那就委屈你了，并州在北方，接近胡人，你要好好防备啊。我病重得快要不行了，恐怕今后见不到你了，我把我的儿子司马师和司马昭托付给你，希望在我死后能得到你的照顾。"

李胜又大声解释说："我是到荆州赴任，而不是去并州。"司马懿又故意错解其意说："哦，你是刚从并州来？"

李胜只得拉大嗓门，这一次司马懿才算听清楚了，他叹息着说："唉，我实在是年纪大了，耳朵聋，听不清你的话。你调任家乡荆州刺史，真是太好了，应该好好建功立业。"

李胜回到曹爽那儿，将亲眼所见向曹爽详细报告，认为"司马公已神志不清，只剩下一具躯壳，不足为虑了"。这时，司马懿的假象已经完全蒙蔽了曹爽，他自认为可以高枕无忧了。

嘉平元年（249）正月，魏帝按惯例将率宗室及朝中文武大臣到城外祭扫魏明帝的陵墓。丧失警惕的曹爽兄弟及其亲信都前呼后拥地跟着小皇帝曹芳去了。

久已装病卧床不起的司马懿认为时机已到，将经长期周密策划、精心准备的力量聚集起来，发动了政变。他和儿子司马师、司马昭率部众以迅雷不及掩耳之势，占领了城门、兵库等战略要地和重要场所，并上奏永宁太后，废免曹爽大将军的职务，剥夺了他的兵权。又亲率太尉蒋济等勒兵屯于洛水浮桥，派人给魏帝呈上司马懿要求罢免曹爽的表章。

曹爽及其亲信党羽慌了手脚，未能组织有效的反抗，又轻信了司马懿的劝降之言，认为虽然免官，但仍不失为一富家翁，最后乖乖地交出了兵权，束手就擒。等回到京师，司马懿即以谋反罪名，将曹爽一伙投入监狱，不久全部处死。

二月，魏帝进封司马懿为丞相。十二月，又加九锡之礼，享受朝会不拜的殊礼。自此司马懿威震朝野，掌握了曹氏政权的军政实权，史称"高平陵之变"。

善于蒙蔽对方，让对方糊涂，然后乘其不备迅速发动反击，往往能取得胜利的先机。司马懿无疑是其中的高手。政变是封建时期统治阶级内部政治斗争的最高表现形式，具有极大的危险性。司马懿取得政变成功的关键就在于蒙蔽了对方，使对手放松了警惕，从而获得反击的机会。

可见，与人较量需要的是头脑而不是武力。如果能采取装糊涂的方法，让对方麻痹，完全对你放松警惕，那样最容易取得成功。

吃得亏中亏，方享福中福

人们总喜欢用"鼠目寸光"来形容那些没有长远眼光的人，这是很有道理的。因为做人如果有"心机"，有时候为环境所迫，就必须要吃"眼前亏"，否则可能要吃更大的亏。

一天，狮子建议9只野狗同它一起合作猎食。它们打了一整天的猎，一共逮了10只羚羊。狮子说："我们得去找个英明的人，来给我们分配这顿美餐。"

一只野狗说："一对一就很公平。"狮子很生气，立即把它打昏在地。

其他野狗都吓坏了，其中一只野狗鼓足勇气对狮子说："不！不！我的兄弟说错了，如果我们给您9只羚羊，那您和羚羊加起来就是10只，而我们加上一只羚羊也是10只，这样我们就都是10只了。"

狮子满意了，说道："你是怎么想出这个分配妙法的？"

野狗答道："当您冲向我的兄弟，把它打昏时，我就立刻增长了这点儿智慧。"

俗话说，"好汉不吃眼前亏"，可是寓言中说的则是好汉要懂得在不利于自己的形势之下吃点儿亏。倘若野狗们坚持一对一地分配羚羊，它们极有可能会激怒狮子，不仅吃不上羚羊，甚至有可能断送了性命。而第二只野狗的做法不仅保全了自己，还为以后能继续和狮子一起猎食提供了保障。

假设这样一种情况：你开车和别的车擦撞，对方只是"小伤"，甚至可以说根本不算伤，可是从对方车上走下来4个彪形大汉，个个横眉竖目，围住你索赔，眼看四周荒僻，不可能有人对你伸出援助之手。请问：你要不要吃"赔钱了事"这个亏呢？

当然可以不吃，如果你能"说"退他们，或是能"打"退他们，而且自己不会受伤。如果你不能说又不能打，那么看来也只有"赔钱了事"了。因为"赔钱"就是"眼前亏"，你若不吃，换来的可能是更大的损失。

所以说要把眼光放远，敢于吃"眼前亏"，因为"眼前亏"不吃，可能要吃更大的亏。

一个人实力微弱、处境困难的时候，也是最容易受到打击和欺侮的时候。在这种情况下，人们的抗争力最差，如果能避开大劫也算很幸运了。

假如此时遭到他人过分的"待遇"，最好是"退一步海阔天空"，先吃一下眼前亏，立足于"留得青山在，不怕没柴烧"，用"卧薪尝胆，待机而动"作为忍耐与发奋的动力。

汉朝开国名将韩信是精明地吃"眼前亏"的最佳典型。乡里恶少要韩信爬过他的胯下，韩信什么也没说，爬了。如果不爬呢？恐怕一顿拳脚，韩信不死也只剩半条命，哪来日后的统领雄兵、叱咤风云？他吃点儿亏，为的就是保住有用之躯，留得青山在，不怕没柴烧！

所以，当碰到对自己不利的环境时，千万别逞血气之勇，也千万别认为"士可杀不可辱"，宁可吃吃眼前亏。

适时隐蔽锋芒

人生如此复杂诡变，我们更应懂得收敛锋芒，低调处世。有成语曰"锋芒毕露"，锋芒本是刀剑的尖端，这里比喻显露出来的才干。

古人认为，一个人若无锋芒，那就是提不起来，所以有锋芒是好事，是事业成功的基础，在适当的场合显露一下既有必要，也属应当。

但是现实生活似乎对于锋芒毕露的人格外残酷，一旦过分展露自己的锋芒，就会遭到小人的忌恨，最终导致自己的失败。尤其是想做大事业的人，锋芒毕露不但不能使你达到事业成功的目的，而且可能让你失去身家性命。

唐德宗时杨炎与卢杞一度同任宰相。卢杞是一个除了逢迎拍马之外一无所长的阴险小人，而且脸上有大片的蓝色痣斑，相貌奇丑无比。而与卢杞同为宰相的杨炎却满腹经纶，一表人才。

杨炎虽然博学多闻、精通时政，具有卓越的政治才能，但是性格过于刚直。因此，像卢杞这样的小人，他根本就不放在眼里，从来都不屑于与卢杞往来。为此，卢杞一直怀恨在心，千方百计想要算计杨炎。

正好节度使梁崇义背叛朝廷，发动叛乱，德宗皇帝命淮西节度使李希烈前去讨伐。杨炎认为李希烈为人反复无常，坚决阻止重用李希烈。

但是德宗已经下定了决心，对杨炎说："这件事你就不要管了！"可是，刚直的杨炎并不在意德宗的不快，还是一再表示反对用李希烈，这使本来就对他有点不满的德宗更加生气。

不巧的是，诏命下达之后，正好赶上连日阴雨，李希烈进军迟缓，德宗又是个急性子，于是就找卢杞商量。卢杞便对德宗说："李希烈之所以拖延徘徊，正是听说杨炎反对他的缘故，陛下何必为了保全杨炎的面子而影响平定叛军的大事呢？不如暂时免去杨炎宰相的职位，让李希烈放心。等到叛军平定之后，再重新起用杨炎，也没有什么大关系。"

卢杞的这番话看似为朝廷考虑，而且也没有一句伤害杨炎的话，所以德宗果然听信了卢杞的话，免去了杨炎的宰相职务。

就这样，性格刚直的杨炎因为不愿与小人交往而莫名其妙地丢掉了相位。

用违背道义、奉迎权势的态度来处世，固然会毁坏名气、丧失气节；但一味刚正不阿，不懂得保护自己、掩藏自己，那么最终受害的就只有自己。所以，我们在想维护自己正直的生活态度的时候，也要学会一点儿圆滑，学会掩藏自己的锋芒，让别人在我们身上找不到话柄。

韩世忠和岳飞、张俊都是宋高宗时的抗金名将，高宗因怕这些名将功高盖世，以后难以驯服，所以急于和金国议和。因众将抗金意志坚决，而且在战场上节节胜利，金国在军事上抵御不住岳飞、韩世忠，便在外交上给宋高宗施加压力，说大宋议和没有诚意。

宋高宗听信秦桧的奸计，解除了三人的兵权，任命张俊、韩世忠为枢密使，岳飞为枢密副使，用职务上的升迁使三人脱离军队。

后来，秦桧因岳飞多次阻挠他与金国议和的奸计，且屡次出言攻击他，心怀怨恨，便罗织罪名把岳飞逮捕入狱，并将其害死于风波亭。

当韩世忠听到岳飞被秦桧害死的消息后，义愤填膺，当面质问秦桧："岳飞究竟所犯何罪？"

秦桧无言以对，支支吾吾地说："岳飞的儿子岳云给部将张宪写信，让张宪要求朝廷派岳飞回军中，话虽不明白，这事件莫须有。"

韩世忠大怒，厉声说道："仅凭'莫须有'三字，何以服天下人心。"说完拂袖而去。

岳飞死后，韩世忠知道自己也难容于秦桧，便请求解除枢密使的职务，秦桧顺水推舟授他一个闲散的官职。

韩世忠赋闲之后，口不言兵，每天跨驴携酒，泛游西湖，许多人都不知道这是名震天下的韩元帅。

韩世忠的部将旧属路过杭州时，都来拜访老帅，韩世忠一律不见，平时也绝不和军中大将通报消息，以免被秦桧罗织罪名。

秦桧害死岳飞后，对韩世忠也是恨之入骨，恨不能把他也一并除去。然而他没想到害死岳飞会引起如此大的民愤，自己也感到很害怕，又见韩世忠口不言兵，又和军队断绝往来，也不再出言阻挠自己与金国议和的奸计，既无威胁也无妨碍，便放过了他。

韩世忠懂得适时收起自己的锋芒，才得以保身，可见掩藏锋芒的重要。可是现代社会，很多人却不懂得掩藏自己，才华横溢，就可能清高自傲；个性十足，就可能一意孤行，我行我素……当我们从人群里显露出自己的时候，也就意味着我们被人群孤立了。所以，与其一个人承受众多人的压力和指责，不如圆滑、低调一点儿，在角落里静静地实现自己的梦想，过自由自在的生活。

第八章

要想有船来，先建好自己的码头

每个人都希望自己成功，但是又常常抱怨自己没有成功的条件，抱怨这个世界的不公平。因此，他们或整日活在忧郁之中，或整日活在空想之中，没有一丝行动，更不敢勇敢地站起来去挑战所谓的"不公平"，一生就这样庸庸碌碌地结束了。

所以，请停止我们的各种抱怨吧！更不要去奢望幸运会降临到自己的头上。勇敢地接受现实，认真地思考如何应对生活吧！要想成功的大船到来，请先修好让船停靠的码头；要想获得成功，就先让自己强大起来。

你见过参天大树的根往上长吗

柳树、杨树各有各的美，只是千万不要做圣诞树，表面浮华，却没有根基，一推就倒下了。

通常老一辈人会告诉我们，第一份工作对于一个人的影响是最大的，在第一份工作中形成的思维习惯以及做事的方法，会不自觉地带到以后的工作中。这就是根基对于人们的影响。

在生活中，我们也有深刻的体会：小时候学习写字，如果一直不认真，没有把字写好，那么长大了再想将字练好，就不容易实现了，因为小时候的握笔姿势如果不正确，长大了要想改正过来，是有一定难度的。

我们的思维是存在惯性的，习惯更是难以改变。所以，在开始打根基的时候，我们就应该全力以赴，争取做到最好。虽然这样的要求在尚未形成习惯的时候有点苛刻，可是等我们突破了那些难关后就会发现，当初的痛苦给以后的生活带来了很多意想不到的收益。

一位音乐系的学生走进练习室，在钢琴上，摆着一份全新的乐谱。

"超高难度……"他翻着乐谱，喃喃自语，感觉自己对弹奏钢琴的信心似乎跌到谷底。已经3个月了！自从跟了这位新的指导教授之后，不知道为什么教授要以这种方式教学。他勉强打起精神，开始用自己的十指奋战、奋战、奋战……琴音盖住了教室外面教授走来的脚步声。

指导教授是个极其有名的音乐大师，授课的第一天，他给了自己的学生一份新乐谱："试试看吧！"他说。

乐谱的难度颇高，学生弹得生涩僵滞、错误百出。

"还不成熟，回去好好练习！"教授在下课时，如此叮嘱学生。

学生练习了一个星期，第三周上课时正准备让教授验收，没想到教授又给了他一份难度更高的乐谱，"试试看吧！"上星期的课教授也没提。学生再次挣扎于更高难度的技巧挑战。

第四周，更难的乐谱又出现了。同样的情形持续着，学生每次在课堂上都被一份新的乐谱所困扰，然后把它带回去练习，接着再回到课堂上，重新面临双倍难度的乐谱，却怎么都追不上进度，一点儿也没有因为上周的练习而有驾轻就熟的感觉。学生感到越来越不安、沮丧和气馁。

教授走进练习室，学生再也忍不住了，他必须向教授提出这3个月来为何不断折磨自己的质疑。教授没开口，而是抽出最早的那份乐谱，交给了学生。

"弹奏吧！"他以坚定的目光望着学生。

不可思议的事情发生了，连学生自己都惊讶万分，他居然可以将这首曲子弹奏得如此美妙、如此精湛！教授又让学生试了第二堂课的乐谱，学生依然呈现出超高水准的表现……演奏结束后，学生怔怔地望着老师，说不出话来。

"如果我任由你表现最擅长的部分，可能你还在练习最早的那份乐谱，就不会达到现在这样的水平。只有打好根基，你才能做得更好。"教授缓缓地说。

如果从开始的时候就放任自己，也许那个学生到最后也只会弹奏他比较熟悉的曲目，而不会有更大的作为。由此可见，根基对于一个人的成长来说是非常重要的。

参天大树必然有深厚的根基，人也是如此，只有根基深厚，才能承受更多的风雨。但是现在很多年轻人都非常浮躁，他们对于成功有着过度的热情，所以没有办法安下心来为自己打基础。

我们常常能听到这样的话：怎么就没有星探发现我呢？如果能接拍一部电影，我也许就出名了，之后就不用再这样辛苦地生活了；为什么我就不能中一注百万大奖呢……喜欢幻想，渴望财富，却不愿意脚踏实地去努力，如果一直这样，我们不但不能得到自己想要的东西，反而会让自己已经拥有的也一点点流失。

年华易逝，青春一去不复返，与其把大好的时光都浪费在不切实际的幻想当中，不如安心学习、安心工作，给自己打好根基，然后找准时机，将自己所有的潜质都发挥出来。只有这样，我们才能离成功更近，那些对于生活的美好幻想才有可能实现。

你有本事了，人脉自然来了

每一群狼都有自己的领地，它们凭借嗥叫声和气味来划定疆界。几乎所有可以活动的地域都被狼群分踞了。每群狼都有一只头狼统治着它们，这些领地就是头狼的地盘，其他狼群或独狼是绝不敢贸然闯入这些领地的。也正是因为头狼认识到了拥有自己地盘的重要性，才能在自己的地盘上坐享其成，享受统治者的一切资源。

动物对资源的认识也许只局限在食物和繁衍后代上，而对于人类来说，资源的外延可以扩展到无限大。每个人也都在自己的地盘上，或者是拥有资源的人，或者是被人拥有的人力资源。

你是愿意成为一个"人力资源"呢，还是成为支配资源的人？

有一个人一直想成功，为此他做过种种尝试，但都以失败而告终。他的父亲是一名老船员，虽然没有多少文化，但一直在关注着儿子。有一次，他意味深长地对儿子说："很早以前，我的老船长对我说过这样一句话，希望能对你有所帮助。老船长告诉我：要想有船来，就必须修建属于自己的码头。"

儿子听了这句话沉思良久。之后，他不再四处尝试，而是静下心来好好读书。后来，他成了令人羡慕的博士后。现在他根本不必四处找工作，倒是有不少公司经常打电话邀请他加盟，而且待遇好得惊人。

人生就是这样有趣，做人如果能够抛弃浮躁，锤炼自己，让自己发光，就不怕没有人发现。与其四处找船坐，不如自己修一座码头，到时候何愁没有船来停泊。

人总是不满足于自己的处境，这种不满足往往不是因为一日三餐吃不饱，而是不甘心被人支配，谁都想拥有更多的地盘、更多的资源、更多的支配权。地盘越大、支配权越大的人往往被认为生命越成功。

这也是为什么有人宁做鸡头不做凤尾，一只鸡虽然渺小，但是作为一个独立的个体，鸡头可以决定一只鸡的生活方式。而凤尾不过是高级附庸，只占据配角位置，受制于凤头，服务于全体，作用并非举足轻重。

朱元璋的身边有很多才能卓越的人，可为什么只有朱元璋成功？就是因为他修建好了自己的码头。

当年朱升向朱元璋献上的九字箴言"高筑墙、广积粮、缓称王"，就是朱元璋修建自己码头的最好诠释。

"高筑墙、广积粮、缓称王"是怎样的策略呢？概括地说，就是要加强军事力量，保住自己的地盘，防守中立于不败之地；加强经济实力，以充足的给养支持军队和政权；不要过早地暴露称王称帝的意图，不到时机成熟决不轻易出击，以避免遭到竞争对手的嫉恨和攻击。

另外，朱元璋为了在错综复杂的形势下保护自己，避免消耗自己的实力，就在各股政治势力之间周旋。

1357年，红巾军将领刘福通兵分三路北伐元军，一时间，"所在兵起，势相连结"。

然而，朱元璋此时却在划地自保，躲在后面，一直在悄悄发展自己的势力。他始终量力而行，尽量避免与元军发生正面冲突。不仅如此，而且在很长一段时间内，朱元璋与元军将领察罕帖木儿部之间的关系也十分密切。

察罕帖木儿是元廷悍将，元朝得以暂时不亡，多赖察罕帖木儿支撑。察罕帖木儿趁山东各路豪强相互攻杀之机，挥兵东进，一路所向披靡。面对气势强盛的察罕帖木儿，朱元璋于该年八月派遣使者致书察罕帖木儿，跟他拉拢关系。

所以朱元璋得以避开了察罕帖木儿的主力进攻，但各路北伐的红巾军却因此付出极大代价，最后相继失败。就是这样，朱元璋才逐渐把天下变成了他的码头。

在和平和多元化的时代，现代人可能不再去想什么独霸天下之类的事，但谁都想在有限的生命里拼命地工作，赚更多的钱。可是靠自己的一双手，就是累死也只能糊口，所以真正的富人不仅会经营自己，还会经营别人。

其实，成功者是不用工作就可以过得很好的人，怎样才能不工作就致富呢？他们知道要让别人为自己打工，就必须有自己的码头。码头修好了，自然有船来靠。

如果把生意场比喻成大粮库，当你打通所有的关口，站在粮食堆前，有桶的人取出的是一桶米，有车的人拉出的是一车米，而只有一双手的人则只能得到一捧米。

买桶、买车对于各种不同的人来说，可能都是不小的投资，而且有了它们之后不一定能找到米装进去，这种投资带有很大风险。但成功者只要有了多余的钱，就会不断投资，扩大企业规模，把碗换成桶，把桶换成车，把车换成车皮，以求装到更多的米。

结果也有两种，一是他的容器确实都装满了，成为一个成功的大老板；二是容器装不满，铺了很大的摊子，入不敷出，暂时成了穷人，但只要有买桶与车的意识，一定还会有机会成为富人。

所以，不会修建自己的码头、不会经营自己、更不会经营别人的人，只能让自己成为别人经营的对象，也习惯于被别人经营。

从这一刻起，着手去修建自己的码头吧。

人生的成功，从认识自己开始

在我们周围总有一些人，终其一生都不曾认识真正的自己，这样的人无疑是可悲的。有的人只看得到自己的优点，于是自以为天下第一，从而沾沾自喜，却往往在向前冲的时候撞到墙壁，头破血流，甚至粉身碎骨；而有的人只能看到自己的缺点，于是一叶障目地认为自己天生愚笨、无能，处处不如别人，即使有幸遇到机会也不敢去争取，不敢去把握。

如果你一辈子都不曾好好审视过自己，只浑浑噩噩地过着随波逐流的生活，任凭命运的河流将自己随意带领，那你的人生该是多么可悲啊！人这一生，很多迷惑与苦难其实都是不自知的结果，而世俗和盲目在很大程度上都是因为无力认识、掌握和控制自己。

有时候，你总以为自己天生无能，注定失败，但实际上，你只是还不够认识自己，才会错误地估量自己的价值，就像下面这只傻傻的山羊。

一个晴朗的早晨，一只山羊在栅栏外徘徊，它很想吃栅栏内的白菜，可是进不去。这时候，太阳才刚出来不久，它突然看见自己的影子，在地上拖得很长很长，它便对自己说："我如此高大，一定能吃到树上的果子，不吃这白菜又有什么关系呢？"

于是，它高高兴兴地奔向了远处的一片果园，可还没到达果园，就已是正午了，此时的太阳正处在山羊头顶上方，山羊的影子变成了很小的一团。

"唉，我这样矮小，是吃不到树上的果子的，还是回去吃白菜吧！"它看着影子又对自己说。

于是，它赶紧往回奔跑，可当它刚跑到栅栏外时，太阳已经偏西了，它的影子又重新变得很长很长。

"我干吗回来呢？"山羊看着地上的影子十分惊讶，"凭我这么高大的个子，吃树上的果子是一点儿也不费劲的呀！"

山羊又急匆匆地返了回去，就这样来来回回，直到黑夜降临，山羊依然饿着肚子，既没吃到白菜，也没吃到果子。

这只山羊真傻！它之所以没吃到白菜，也没吃到果子，不是因为它本身的能力不足，而是因为它根本认不清自己。它不清楚自己的身高和体形究竟有多大，因此才会一次次被眼前的影子迷得团团转，最终落得个饿肚子的下场。

而在生活中，我们又何尝不是如此呢？很多时候，我们之所以感觉自己的人生过得艰难与痛苦，未必是因为我们比别人差了什么，或者不如别人努力，我们可能只是认不清自己，不了解真正的自己，以至于无法找到一个准确的定位，结果错误地把自己推到了一条根本不适合自己的人生轨道上，就如盲人想画画、失语者想唱歌一样，注定陷入痛苦与徒劳。

生而为人，这辈子最难得的见识就是认识自己了，要不然，孔夫子也不会说"人苦于不自知"。

世界上从不存在十全十美的圣人，同样也绝不存在一无是处的"废物"。一个人不仅要了解自己的优点，也要看到自己的缺点，只有当人真正认识了自己之后，才能创造出属于自己的人生。或许你今天不曾成功，但这并不意味着你没有成功的可能与天赋，只是你还没有找到真正属于自己、适合自己的道路。去认识你自己吧！你不是无能，只是还未曾真正了解自己，未曾看到自己独一无二的天赋！

那么，我们到底该如何真正地了解自己、认识自己呢？

首先，要学会自省——这是我们认识自我的第一步。要做到自省，我们就必须像对待陌生人一样来评估自己，撇开所有个人感情来进行客观的自我观察。通过自我观察，我们才能更好地了解自己，认识自己，只有更好地了解自己，才能通过自我反省一步步控制自己，征服自己，战胜自己，最终驾驭自己的人生，活出自己的个性。

其次，要保持积极的自我对话。所谓"自我对话"，其实就是一个发现自己、认识自己、改变自己、超越自己的过程。自我对话对于认识自我和掌控自我来说是非常重要的。

最后，要积极与别人沟通。人本身就是一种十分复杂的生物，拥有多样的特点和个性。我们眼中的自己，不管认识得多全面，必然都存在一定的局限性和片面性，这就好比一个方向的探照灯无论怎么来回扫射，总会留下光线的死角。因此，想要更深刻地认识自己，除了要懂得从自己的角度进行观察、分析及理解之外，还要多和别人沟通，通过了解别人眼中的自己，来给自己做出一个更为准确的定位。

当我们真正认识自己之后，才能挖掘出自己的潜能，知道自己适合什么，渴望什么，从而创造出属于自己的幸福人生。哲学家们通常喜欢通过自我反省来了解世界，他们认为，一个人只有先了解自己，才会有能力了解这个世界，从而才能对事物抱有自己独特的观点，做出最合适的反馈，赢得最大的效果。这种基于对自己的全面理解，然后将自己最大化地发掘出来，并激活优势，弱化劣势的方式，就是我们所说的"个性"。世界上不存在两片完全相同的叶子，同样也没有完全相同的人。而生命最大的魅力，就在于其千姿百态、与众不同的个性。

想要成功，就要从认识自己开始。一个人如果连自己是什么样子都不知道，又怎么找得到适合自己的定位，闯出属于自己的人生呢？我们将自己欺骗得有多惨，就会被这个世界骗得有多惨，而我们将自己了解得有多深，也就能将这个世界把握得有多真。所谓"人贵在自知之明"讲的就是这个道理，所以作为人，我们只有充分了解自己，认识自己，才能知道自己究竟有多强大，也才能真正让自己走上幸福的道路。

天天自省，把热爱的事做到极致

自我反省是一次检阅自己的机会，也是一次重新认识自己的机会，更是一次提升自己的机会，是自我修养的最高境界。在面对错误和缺点的时候，是选择消极地逃避，还是积极地自省，将在很大程度上影响一个人的前途和命运。

鉴于此，如果你想要赢得事业上的成功和人生的辉煌，那么就必须改变对自省的恐惧心理，让自己勇敢一点儿，在工作和生活中时常自省，养成善于自省的好习惯，从中不断得到修正，做更加完美的自己，以完美的态度去做人做事。如此，才能真正把自己所热爱的事做到极致、做到无悔。

人生就像写作，初稿免不了存在这样那样的缺陷，想要写出一部完美的作品，就得不断自省、不断修正，如果没有那一遍遍的千锤百炼，又怎能锻造出撼动人心的文字呢？

在这个世界上，每个人都不是十全十美的，总会有个性上的缺陷、智慧上的不足。没有人能保证自己每一件事都做得对，都不犯错误，重要的是，你以什么样的态度对待自己的过失、不足和错误。

华为集团总裁任正非就是一个很注重自我反省的人，正是受他的影响，华为集团充满了自省意识和危机意识，最终在日益激烈的竞争中跟上时代的步伐，实现快速转型，并获得了机遇和成功。

华为集团是一家全球领先的电信解决方案供应商，在军人出身的任正非总裁的带领下，华为在业界演绎了一幕幕传奇，缔造了一个个神话。任正非所提倡的企业文化之一便是自省。

2000年，正当华为如日中天的时候，任正非满怀忧患地写下了《华为的冬天》一文，文中说道："十年来我天天思考的都是失败，对成功视而不见，也没有什么荣誉感、自豪感，而是考虑怎样才能活下去，怎样才能存活得久一些。失败这一天是一定会到来,大家要准备迎接,这是我从不动摇的看法,也是历史规律。"

唯有反省才能进步，一个人不管失去多少，只要还能自我反省，就没有完全失败。人不仅要学会在逆境中反省，更要在顺境时反省，只有这样，才能在不断的探索中获得进步，并在不断的改进中得以提升，以及在不断的总结中得到指引。

道理说起来简单，但在生活中，似乎大多数人都"长于责人，拙于责己"。说起别人来一套一套的，到自己说错话、做错事、得罪人的时候，却往往不愿意、不善于从自己身上找原因了，好像觉得自己所说所做都是对的，都是有道理的，将责任都推到别人头上，一味地去抱怨别人。

殊不知，"君子博学而日参省乎己，则知明而行无过矣"，唯有"反求诸己"，反省自己的言行，时时剖析自己，知道自己的不善之处，我们才能不断改善自己、提高自己。可以说，反省是一个人走向成熟与成功的必经之路。

反省自我要求的是"反求诸己"，说白了，就是寻找自己的缺点或者做得不好的地方，这就犹如用锋利的手术刀解剖自己，毫无疑问是痛苦的，这也正是人们不愿自我反省的主要原因。

需要注意的是，自省不仅是反面的，有时候正面的东西也需要我们加以总结巩固。

自省其实不是一件多么困难的事情，重要的是我们能摆正心态，认识到自省对我们的生活究竟有多大助益。为了更好地反省自我，查漏补缺，我们不妨在每天结束工作时，先简单记录下工作过程，然后着重从工作态度、做事方法、工作进程入手，好好问自己下面的这些问题：

"我是否有偷懒的行为？是否尽了全力？有无浪费时间？"

"今天所做的事情，处理是否得当？是否说过不当的话？是否做过损害别人的事？"

"我今天做了多少事情？有无完成既定目标？有无进步？今天我到底学到些什么？"

"哪些方面下次我是可以改善的？怎样做才有可能会出现更好的结果？"

……

只要坚持这样做下去，像天天洗脸、天天扫地那样天天自省，找到自己的缺点或者做得不好的地方，然后不断改正自我，不断挑战自我，不断超越自我，实现完美蜕变，那么，你一定可以把你所热爱的事做到极致，让生活获得圆满的成功。

再小的努力，乘以 365 都很明显

成功是一个无比漫长的过程，卓越者之所以能成功，平庸者之所以会失败，往往不是因为个人能力差距有多少，而在于耐心的差别。前者总能坚持每天进步一点点，今天比昨天进步一点点，明天比今天进步一点点，这些"一点点"慢慢累积，最终堆成了

巍峨的高山。而后者呢，却总是停步不前，今天落下别人一步，明天落下别人一步，一步一步累积，终成万里长征，人与人之间的差距就是这样形成的。

古人曰："苟日新，日日新，又日新。"所谓进步，就是向前走，今天比昨天强，就是对现状有所突破，就是用一种崭新代替一种陈旧。每天坚持进步一点儿，哪怕再小的努力，乘以 365 都会成为明显的进步。人生其实就是这样一个追求比昨天更卓越的过程。

香港海洋公园里有一条大鲸，虽然重达 8 600 千克，却能自如地向游客表演各种杂技，而且还能跃出水面 6.6 米，这是鲸自身身高的 5 倍左右。面对这条创造奇迹的鲸，有人向训练师请教训练的秘诀。

"很简单，"训练师回答，"在最初开始训练时，我们会先把绳子放在水面之下，使鲸不得不从绳子上方通过，每通过一次，鲸就能得到奖励。渐渐地，我们会把绳子提高，只不过每次提起的幅度都很小，大约只有 2 厘米，这样鲸不需花费多大的力气就有可能跃过去，并获得奖励。于是鲸便很乐意地接受下一次训练。随着时间的推移，它跃过的高度逐渐上升，最后竟然达到了 6.6 米。"

听了训练师的回答，我们可以看出，他们训练鲸鱼成功的诀窍，就是每次给鲸鱼加高 2 厘米，也就是让鲸鱼每次进步一点点。正是这微不足道的一点点，积累起来，天长日久，最终实现质的飞跃，在不知不觉中创造出了一个令人震惊的奇迹。

每天进步一点点，听起来好像没有冲天的气魄，没有诱人的硕果，没有轰动的声势，可细细琢磨一下：每天进步一点点，持之以恒，坚持不懈，积少成多，这就是"水滴石穿"般的力量，不容小觑。

美姗身材瘦小，貌不惊人，而且只有高中文化水平，她非常幸运地在一家较有名气的外资企业任文员，而且同时服务于两位不同国籍、有着不同文化背景的老板：一位德国籍老板，一位英国籍老板，工作难度简直不敢想象。

刚进公司那段日子是最难熬的，两位老板只把美姗当成个只会干杂事的小职员，不停地派些零七八碎的事情让她做，从来没有表扬过她。美姗自知学历低、经验少，她不断地学习，以此寻找让老板重新认识自己的机会。

除了把工作做得周到细致外，美姗把自己所能见到的各种文件，全部放到自己的工作中，只要有空就去认真翻阅琢磨，学习公司的业务。由于不熟悉德语、英语，美姗就不厌其烦地去翻看她那两本"无声老师"——德文字典、英文字典，她坚信："只要每天记住10个单词，一年下来我就会3600多个单词了。"

就这样一年多后，美姗对公司的业务可以说了如指掌，而且外语水平也在与日俱进，这为她进入通畅的良性工作循环状况做了坚实的准备，也让两位老板对她刮目相看，不久就提拔她做了秘书，负责公司的日常事务。

秘书工作需要协调各组的资源，帮助老板处理很多工作上的问题，要学习很多事情，这一切都是她之前没有接触过的，怎么办呢？于是，美姗又报考了职业培训班，每个周末都去参加培训，风雨不误。

可喜的是，美姗现在的德语、英语都达到了专业水平，还熟练掌握了计算机操作技术，她积极向上、不断进取的精神不仅让两位老板重新认识了她，而且有时还愿意听从她的"号令"。对于自己的成功秘诀，美姗给出的答案是，"没有什么，就是每天进步一点儿呗。"

一个人如果每天都有进步，哪怕只有1%的进步，也是值得称道的。这不仅能彰显自己积极进取的精神，还能积累一种超凡的技巧与能力，让你比其他人更容易得到发展的机遇，获得更多的资源和平台，从而进入卓越者的行列。

所以，你若想成为卓越者的话，就要牢记"每天进步一点点"的理念，随时随地保持一种求知若渴、虚心若愚的学习心态，每天问问自己，"今天，我又学到了什么？""今天有没有进步和提高？""今天哪里可以做得更好？"……

只要我们每天进步一点点，那么一年就可以进步365个一点点，持续这样做，人生中任何一点点差距都有可能在几年后相差十万八千里。每天进步一点点是我们每天的目标，也是我们一辈子的事情。

每天进步一点点，没有不切实际的狂想，只是在有可能眺望到的地方奔跑和追赶，不需要付出太大的代价，只要努力，就可以达到目标。

走得艰难就对了，说明你正在上坡

有位诗人曾说："如果你过分珍爱自己的羽毛，不使它受一点儿损伤，那么你将失去两只翅膀，永远不再会凌空飞翔。"我们若想获得成功，就要勇敢承受生命中的困难，因为只有解决掉通向成功道路上的所有困难，我们才能摘取金色的花朵。

成功与苦难就像光与影，永远都是如影随形、不可分离的。在这个世界上，没有任何一条通往成功的路是一帆风顺的，想要得到多少，你就得付出多少。哪怕在最美好的童话故事里，王子也需要去打败恶龙，才能救出最美丽的公主。

所以，当你感觉前路难行的时候，别急着抱怨和退缩，也许在苦难的前方，等待你的就是那令人艳羡的荣耀。就像爬山一样，走得艰难就对了，说明你一直在上坡，等你走过这段艰难的路，便能领略到山脚下永远也看不到的风景。

人这一生中，最可怕的不是苦难，而是安逸。你的路走得越是安逸，就说明你越缺少上升的空间，甚至可能一直在走下坡路。你的日子过得越是轻松，就意味着你离成功越是遥远。但很多人都不明白这个道理，他们总是在等待"奇迹"，却又不舍得付出，不敢挑战苦难。他们总希望得到高回报，希望得到老板赏识，这当然是好的，可是一碰到困难就担心自己克服不了，害怕自己受到伤害，总在试图绕圈子，或者希望别人来解决困难，这样凭什么获得成功呢？他们又有什么资格去享受光环和荣耀呢？

牛慧和刘彤彤是大学同学，毕业以后两人同时进入一家国有企业做客服工作。主要负责与公司客户进行日常的电话沟通，记录客户投诉的基本情况，以及解决一些简单的客户投诉问题等。

由于客户的投诉多是抱怨，牛慧觉得耐心地对客户解释问题是一件很麻烦的事情，而且很多时候讲了半天客户还是不明白，于是她接电话时总是不冷不热，或者干脆把问题推到销售部或管理部那里。

刘彤彤则不一样，她对客户的投诉总是热情相待，遇到刁难的客户她也会想方设法地去处理，总之凡是自己能解决的事情就尽量自己解决。虽然一开始的时候总会出错，不过随着一个个问题的解决，她的工作能力也大大提高了。

一段时间后，有客户将投诉电话打到了经理办公室，投诉牛慧工作能力差，不能快速、准确地解决他们的问题。经理担心牛慧影响公司业务的发展，便找了一个理由将她解雇了，而刘彤彤则凭借着众多客户的一致好评，受到了经理的重用。

一个人生活在世界上，总会遇到这样那样的困难，此时难免有一些人会表现出一副畏畏缩缩、敷衍了事的态度。他们认为，解决困难是一件费心费力的事情，而且付出一番心血之后困难还是无法解决，岂不是徒劳？

但是，困难存在于我们生活的每个角落，如果遇到困难就知难而退，轻易放弃，困难就能自行消失吗？就算别人帮你解决了困难，那么下次呢？在遇到同样的问题时，你还要继续做"鸵鸟"吗？

事实上，阻碍我们行动的往往是心理上的障碍和思想中的顽石，并不是事情本来有多么困难。困难就是纸老虎，我们不怕它时，它就该怕我们了。在困难面前，只有先相信自己能战胜它，才有可能真的战胜它。

管军是某杂志社发行部的业务员，他进公司不到一年的

154

时间，就被提拔成了该社的市场总监，薪水也翻了两倍，令众人羡慕不已。管军是凭什么在职场中取得成功的呢？这就是强于别人的解决问题的能力。

几天前，为了配合杂志社今年的发行工作，上司紧急召开部门会议，决定做些促销活动，做些有声读物作为礼品随刊赠送给读者，以扩大杂志的影响力，但有言在先："我不想花钱，但是这件事还得办！"

要取得畅销读物的制作权，必须从音像公司买版权，不出钱怎么行呢？上司一说出这一计划，全场鸦雀无声。管军也感到这事很棘手，但他脑子聪明，他绞尽脑汁想出了一个办法，即在杂志上给对方一定的版面做回报。

得到上司认可后，管军就立即着手行动，和某畅销图书的音像出版商进行联系，除了答应给对方一定的版面宣传，还再三强调："其实归根结底收益的还是你们，我们做推广的过程其实也是给贵公司产品做宣传的过程。"

很快，该出版商被说动了，于是双方结成了合作关系，实现了双赢的合作。公司其他人没有解决的问题，管军解决了，这自然引起了上司的认可和重视，管军就这样被提拔为市场总监了。

有位 IT 界的成功人士说过："我把困难当成通往成功的阶梯，每当困难被我踩在脚下，成功就离我更近一步。"放眼望去，那些春风得意、叱咤风云的人，哪个不是克服困难、解决问题的高手！

有很多事情看起来很困难或不可能，但是只要我们勇敢、积极地面对，下定决心并付诸行动的时候，就会发现它们像"纸老虎"一样很容易被戳破,如此我们就能清理掉前进道路上的"绊脚石"。

总之,困难不是洪水猛兽,不要再恐惧艰难险阻,不要把困难扩大化,抱着"困难就是纸老虎"的态度,不被眼前的困难吓倒,才能跨越一个又一个困难。战胜的困难越多,我们就会越成熟,越有成就感。而战胜困难之后,迎接我们的必然是鲜花与掌声、荣耀与王冠!

失去了危机感,只有被淘汰的命运

从前,恐龙和蜥蜴共同生活在古老的地球上。

一天,蜥蜴对恐龙说:"天上有颗星星越来越大,很有可能要撞到我们。"恐龙却不以为然,对蜥蜴说:"该来的终究会来,难道你认为凭咱们的力量可以把这颗星星推开吗?"

几年后,那颗越来越大的行星终于撞到地球上,引起了强烈的地震和火山喷发,恐龙们四处奔逃,但最终在灾难中死去。而那些蜥蜴钻进了自己早已挖掘好的洞穴里,躲过了灾难。

蜥蜴的聪明之处,在于知道自己虽然没有力量阻止灾难的发生,却有力量挖洞来给自己准备一个避难所。

这虽然只是一个寓言故事,却给每一个职场人士都带来了很好的警示和启迪,故事中的灾难在我们身边也会发生。随着时代的变化和企业的发展,企业对于员工的要求越来越高。

职场中,很多人都听过这样的话,"今天工作不努力,明天努力找工作""脑袋决定钱袋,不换脑袋就换人"。

如果不提前为自己的未来做好各种准备，不努力学习新知识，那么正如故事中的恐龙一样，被淘汰的命运很快就会降临到你的身上——如果你不主动淘汰自己，最后的结果就只能是被别人所淘汰。

价值是一个变数，也会随着竞争的加剧而"打折"，今天你可能是一个价值很高的人，但如果你缺乏危机意识，故步自封，满足于现状，明天你的价值就会贬值，面临生存危机。

林东是某集团公司的一名员工，他刚到公司的时候非常努力，没过多久就在工作中取得了突出的成绩。他聪明能干，年轻好学，很快就成了老板的"红人"。老板非常赏识他，进入公司不到两年，他就被提拔为销售部总经理，工资一下子翻了两倍，还有了自己的专用汽车。

刚当上总经理那阵子，林东还是像以前那样勤勉努力，每一件事情都做得尽善尽美，并且经常抽出时间学习，参加培训，弥补自己知识和经验方面的不足。

时间长了，经常会有朋友对他说："你犯什么傻啊？你现在已经是经理了，还那么拼命干吗？要学会及时行乐才对啊，再说老板并不会检查你做的每一件事情，你做得再好，他也不知道啊。"

在多次听到别人说他"犯傻"的话后，林东变得"聪明"了，他学会了投机取巧，学会了察言观色和想方设法迎合老板，不把心思放在工作上，也放弃了很多的学习计划。

如果他认为某件事情老板要过问，他就会将它做得很好；如果他认为某件事情老板不会过问，他就不会做好它，甚至根本就不做。在公司中,也很少见到他加班加点工作的身影了。

终于,在公司的一次中高层领导会议中,老板发现林东隐瞒了工作中的很多问题。在年底的业务能力考核上,林东有几项考评成绩也大不如前,失望之余,老板就把林东解聘了。

一个本来很有前途的年轻人就因为丧失了危机感,安于现状,而失去了一个事业发展的大好机会。

古人云,生于忧患,死于安乐。一味沉湎于过去的成绩,躺在过去的功劳簿上不思进取,只能让自己停滞不前,很可能像林东那样跌落云端。

危机感不仅是企业和组织常青的基石,同时也是一个人进取心的源泉,成长发展的重要动力。个人或组织一旦失去了危机感,就会变得安于现状,裹足不前,那么等待他的就只有被淘汰的命运。

在"多"中体现出你的优势

现代社会,资源是有限的,机会和岗位也是有限的。如果一个人不懂得主动把握机会,那么到最后,连这有限的资源他都得不到。所以,面对日益激烈的竞争,我们必须改变思维,变被动为主动,在主动中掌握先机。具体做法就是:首先学会比别人多付出,让自己的优势通过"多"体现出来。

魏晓峰大学毕业后,到一家出版公司工作。当时,公司正在进行一套丛书编辑,每个人都很忙,经理更没有时间安排魏晓峰的具体工作。于是魏晓峰成了"万金油",业务部、编辑部、印刷部……哪里需要,他就被指派到哪里。他却毫无怨言，总是把每一样工作都做得尽善尽美。

"你真是傻瓜，这样被别人指来派去的，做了那么多事，最后连自己的奖金到哪个部门领都不知道。"有人这样嘲笑魏晓峰。

魏晓峰只是笑笑，依然认真地去做每一件事情。

也有人挖苦他说："你真是没出息，每天比谁做得都多，但是都是一些鸡毛蒜皮的小事，你这样做再长时间也是没有成果的。"

的确，魏晓峰做的事很琐碎，包书、送书、取书、邮寄、联络……这些事情表面上看来的确不值得一个大学生去全身心投入。然而，魏晓峰不这么认为，他认为每一件工作都是有意义的，认真去做，就一定会有收获。因为他的用心和努力，每一个给他指派工作的人都对他很满意。

三年后，魏晓峰被提拔为发行部主管时，很多人都感到意外。

公司老板的话让大家幡然醒悟，他说："魏晓峰在每一件事情上都比别人多做一点儿，所以他学会了所有部门的工作，熟悉了所有部门的经营管理。这一点，整个公司没有一个人赶得上他。"

初入职场，很多人都会遇到和魏晓峰类似的情况：待遇低、工作杂、不受重视、被人嘲笑。他们要么埋怨不断，牢骚不停，要么不断跳槽。结果既没有积累下多少经验，也没有什么突破，几年后甚至几十年后，他们依然无所作为。

而魏晓峰不同，面对低待遇，尽管比别人多做很多，但他毫无怨言，依然把每一件事做好，结果三年后他成了主管。

魏晓峰的故事告诉我们，要想在激烈的竞争中脱颖而出，就必须"比别人多做一点儿"，就必须修炼一身能够驱动自我的"好功夫"。因为只有能够驱动自我的人，才更容易有卓越的表现。

其实，成功离我们并不遥远，只要我们掌握成功的秘诀，就能登上卓越的峰巅。成功的秘诀自古至今，千口千言，但魏晓峰的故事让我们深刻地了解到，成功的不二法则是：比别人多做一点儿。

"比别人多做一点儿"是一种素养，它体现的是一个人追求卓越，绝不安于现状的工作态度。随着职场竞争的加剧，仅仅做一名"合格"的员工已经没有充足的竞争力，重要的职位、优厚的薪金以及高级的职业荣誉只会给予那些超越"合格"达到"优秀"的人。永远不要认为自己已经做得够好了，追求工作业绩的步伐，在我们整个职业生涯中，不要有片刻的停留。

"比别人多做一点儿"是一种精神，它秉承的是主动和自动自发。比别人多一些主动才可以得到更多赏识。当多一点儿自觉成为一种习惯时，你也就拥有了事业成功的通行证。

"比别人多做一点儿"是一种激情，它体现的是一种精益求精、积极进取的工作状态。激情是鞭策和鼓励我们向上进取的不竭动力，只有比别人更多一份激情，才能使自己对现实中的困难和阻碍毫无畏惧；只有比别人更多一份激情，才能在前进的路途中更增添一份自驱力。

"比别人多做一点儿"是一种意识，它体现的是对成功的渴望与坚持。今天的职场中，生存已属不易，成功更是难上加难，这就需要我们有坚强的意志和永不服输的精神去面对一切职场道路上的艰辛。

坚韧是生命的脊梁，也是在残酷竞争中无往不胜的法宝。所以要想在职场站住脚，就要有足够的坚韧来经受失败的打击和考验。

综上所述，我们知道要成为职场中的"凤毛麟角"，要在芸芸众生中如鹤立鸡群，要成为不可替代的人，要活出属于自己的精彩，就要不遗余力地在工作岗位上展示自己的才能和忠诚，就要竭尽全力比别人多做一点儿。

第九章

心量就是福量，心宽才会路宽

现代社会，生活和工作的节奏越来越快，很多人变得越来越执着：执着于内心的各种欲望，执着于对成功的渴望，执着于不愿放手的情感……然而，残酷的事实却是，我们越是执着，反而越可能失去。

与其如此，倒不如把心放宽，学会换个角度看待自己和周围的人和事，学会宽恕，学会退让，把心放宽，因为只有心宽了，前方的道路才会变宽。

适可而止，收束欲望

古人云："福莫大于知足""知足不辱，知止不殆"，古代圣贤的这种处世智慧，当是最好的人生信条。要有知足知止之心，要谨慎自己的贪欲之心，要有长远的目光，不要被眼前的利益蒙蔽了双眼。

有着远大的梦想、有着追求成功的强烈欲望，这是人的正常心理，也是每一个人所应有的追求。

"人类因梦想而伟大"，如果一个人没有一点儿野心的话，那么他的一生就注定沦于平庸，或者完全失败。说到底，没有欲望，何来动力？没有目标，又何来追求呢？

可是，是不是有目标就一定要大声地向众人宣布——我要成为什么什么人，我要达成什么什么目标呢？

当然不能。因为如果你那样做了，很可能会适得其反。你无异于将自己暴露在众人面前，暴露在一个不安全的环境里，各种力量会在你凸显的欲望里人为地增加障碍，施加压力，不消多久，你的梦想便可能因外力而破灭。

那么，我们又当如何来掩饰自己藏在胸口的那一份永恒不变的追求呢？最安全的办法就是让他人认为我们不是一个胸怀大志、野心勃勃的人，而是一个很容易知足的人。

与此同时，我们的知足也很容易让人有亲近感，因为人们总是喜欢知足的人，而讨厌那种傲视一切、想得到一切的人。

关于这一点，有人打了个这样的比方：如果你表现得很知足，不会和他人的野心冲突，那么你就等于"把自己放在一个保险箱里"。

能够博得好感，又能将欲望巧藏于心，这不就是你在职场中希望呈现的状态吗？那么，从现在开始，你就应该学习如何从知足开始，打造你事业步步为营的战略战策。

在生活中，很多人常有一种不拿白不拿、不吃白不吃的念头，殊不知这个念头一出，由此而产生的行为便可能损害他人的利益，让人好感尽失甚至心生厌恶。

或许他人可以容忍这种行为，不大在乎，但如果能懂得适可而止的话，他人就会对你有更好的印象与评价。

可惜的是，社会上还是存在不少这样的情况：人际关系一次用完，做生意一次赚足！以为自己这样做是聪明，得了便宜，殊不知这是在断自己的财路！

欲望不停地诱惑着人们去追求物欲的最高享受，然而过度地追逐利益，追逐物质的享受，往往会使人迷失生活的方向。

因此，凡事适可而止，才能把握好自己的人生方向。俗话说，贪心图发财，短命多祸灾。心地善良、胸襟开阔等良好的品性，才是健康长寿之本。贪图小便宜，终究是要吃大亏的。

在今天，随着现代科技带来的现代生活方式，这种"狄德罗效应"无处不在。人们疯狂地追逐金钱，追求享受。在这种情况下，就更应该懂得收束自己的欲望，凡事适可而止。生活之道，快乐之道，原本在于自然，在于简单。

一个贪求厚利、永不知足的人，等于在愚弄自己。贪婪是一切罪恶之源，贪婪能令人忘却一切，甚至自己的人格。

大千世界，万种诱惑，什么都想要，会身心俱疲，该放就放，你才会轻松快乐。贪婪的人往往很容易被事物的表象迷惑，甚至难以自拔。事过境迁，后悔晚矣！

得到的越多就越想得到，像滚雪球一样，越滚越大，可是当雪球滚到一定程度的时候，就再也推不动了。从长远的发展来看，这无疑是有害的。因为你的欲望赤裸裸地展现在光天化日之下，你不知足，所以你令人讨厌，你的魅力就会大打折扣。人们因此开始疏远你，开始戴有色眼镜来看你，于是，你周围的环境就开始给你带来一个恶性循环。

如果你的老板给你的工资并不高，和你的工作贡献远远不成正比，那你不妨暂时不要在老板面前表现出来你很想要加薪，而是依旧兢兢业业地工作。老板会看见你的优点、你的努力，他因此会记住你，因为你并不像他所司空见惯的很多职场员工一样，紧紧盯着他的钱包。还有什么比给老板留下好印象更重要的呢？

如果你的同事在老板下达任务之后，分给你相对他而言多得多的工作，你不妨在他面前表现得知足一些，让他知道，你是很乐意去做的。因为他重视你才让你来完成这份艰巨的任务，他不给别人而给了你，说明他看得起你，有了这样知足的心态，你的同事会很乐意和你共同做事的。

他的心也会不知不觉地往你这边靠，至少他会觉得你比其他人更加懂得什么叫知足。当有一天，员工圈里出现明争暗斗的利益冲突时，可能他第一个忽略的人就是你了，因为你看起来是那么勤勤恳恳，很知足，他的矛头至少不会第一个指向你。

放下一切，才是幸福的起点

有人说，世上从来没有命定的不幸，只有死不放手的执着。所以，不要总是羡慕他人的自在与洒脱，他们获得幸福的原因其实很简单：不执着于缘。懂得放下，就可以开始新的人生，也易得逍遥，快乐无穷。

做了好事马上要丢掉，这是菩萨道；相反，有痛苦的事情也要丢掉。所以得意忘形与失意忘形都是没有修养的，都是不妥的。换句话说，便是心有所住，不能解脱。一个人受得了寂寞，受得了平淡，这才是大英雄本色。无论怎样得意也是那个样子，失意也是那个样子，没有衣服穿，饿肚子仍是那个样子，这是最高的修养，就像孟子说的"富贵不能淫，贫贱不能移，威武不能屈"。

不过，达到这种境界太难。

真正的人生该如何过呢？重点在一个"随"字。时空的脚步永远不断地追随回转，无休无止。子在川上曰：逝者如斯夫！河水能够冲走泥沙与污浊，时间能够抹去人类的一切活动痕迹，世间没有永恒不变的东西，也没有绝对的真理和绝对完美的事物，人所能做到的就是"随"，顺时顺应，随性而走。

庄子临终前，弟子们已经准备要厚葬自己的老师。庄子知道后笑了笑，说："我死了以后，大地就是我的棺椁，日月就是我的璧，星辰就是我的珠宝玉器，天地万物都是我的陪葬品，我的葬具难道还不够丰厚？你们还能再增加点什么呢？"

学生们哭笑不得地说："老师呀！若要如此，只怕乌鸦、老鹰会把老师吃掉啊！"庄子说："扔在野地里，你们怕飞禽吃了我，那埋在地下就不怕蚂蚁吃了我吗？把我从飞禽嘴里抢走送给蚂蚁，你们可真是有些偏心啊！"

一位思想深邃而敏锐的哲人，一位影响千年的大师，就这样以一种浪漫达观的态度和无所畏惧的心情，从容地走向了死亡，走向了在一般人看来无比恐怖的无限虚无。其实这就是生命。

人生不过是路过，需要用心享受旅途中的风景。每个人的一生都像一场旅行，你虽有目的地，却不必去在乎它，因为你的人生不只拥有目的地，你还有沿途的风景和看风景的心情，如果完全忽略了一路的风情，人生将会变得单调和无趣，活着还怎么称得上一种享受呢？

每一道风景从眼前经过，每段缘分与自己重逢再离别，你仔细回味一番，充分享受个中的滋味，不必耿耿于得失，在痛苦时想快乐，快乐时忆苦楚，始终保持心情的平和，生命才会充满温暖柔和的色彩。等到缘分过了，风景没了，等待你的还有另一波风光和快乐，之前的一切便可放下，享受眼前此刻。开始的背后是放下，为什么人们悟不到呢？

时间公平地对待每一个瞬间，人在生命的旅程中却不能停滞不前，总沉湎于过去。只有不停地向前走，才能摆脱重重阻碍，得见白云处处、春风习习的旅行终点。

局势不利，不妨暂时妥协

"妥协"就其词义来说，是用让步的方法避免冲突或争执。从词性上看，妥协并无褒贬之分，实际上，暂时的或者说必要的妥协，乃是人生一大策略。

袁崇焕是明末著名军事家，官至兵部尚书。他屡次击退清军的进攻，战功卓著，结果却含冤被杀。

辽东战役时袁崇焕曾想以暂时的妥协换取准备的时间。他认为，当军事上的准备尚不充分之时，暂时与外敌议和以争取时间，历史上不乏先例。汉高祖刘邦曾与匈奴议和，争取时间来恢复、蓄养国力、兵力，等到汉武帝强盛时才大举反击；唐太宗李世民曾代父皇李渊做主，与突厥议和，等到兵马齐备、军队训练有素时，才派李靖北伐，大杀突厥犯敌。

同是妥协议和，秦桧与前金的议和，同诸葛亮与孙权、周瑜的议和，有着天壤之别，前者是屈膝投降，而后者是暂时退让，这种妥协是为将来的进攻做策略上的准备，不可同日而语。

然而，袁崇焕当时委曲求全的妥协策略，难以让人理解，其为社稷计忍辱负重、行举世嫌疑之事，实属不易，此不多论。

的确，有进攻必有退守，有冲突也应有妥协。大至军国之重，小至家务琐屑之争，带兵打仗，为官从政，做人处世，必要的妥协往往是不可少的。

小不忍则乱大谋。对于一个血气方刚的人来说，隐忍、妥协有时并不意味着胆小、怯懦。含辱妥协，既要战胜自我，消除受辱的复仇心理，又要战胜别人，不顾世俗的猜疑、歧视，这又何尝不是一种勇敢呢！

暂时的妥协，必要的妥协，的确是一种重要的为政之道、军事之道、人生之道。大道通了，至于邻里纠纷、兄弟失和、夫妻斗嘴之类的日常矛盾，便不难用"妥协"来化解了。学会妥协，学会放弃，实则是人生一大课题。

隋朝的时候，隋炀帝十分残暴，各地农民起义风起云涌，隋朝的许多官员也纷纷倒戈，转向农民起义军。因此，隋炀帝的疑心很重，对朝中大臣，尤其是外藩重臣，更是易起疑心。

唐国公李渊（即唐高祖）曾多次担任中央和地方官，所到之处，有目的地结交当地的英雄豪杰，多方树立恩德，因而声望很高，许多人都来归附。这样，大家都替他担心，怕他遭到隋炀帝的猜忌。

正在这时，隋炀帝下诏让李渊到他的行宫去晋见。李渊因病未能前往，隋炀帝很不高兴，多少有点儿猜疑之心。

当时，李渊的外甥女王氏是隋炀帝的妃子，隋炀帝向她问起李渊未来朝见的原因，王氏回答说是因为病了，隋炀帝又问道："会死吗？"

　　王氏把这消息传给了李渊，李渊更加谨慎起来，他知道隋炀帝对自己起疑心了，但过早起事又力量不足，只好低头隐忍，等待时机。

　　于是，他一面向隋炀帝表示忠心臣服之意，一面故意广纳贿赂，败坏自己的名声，整天沉湎于声色犬马之中。此举颇见效果，隋炀帝放松了对他的警惕。

　　试想，如果当初李渊不主动低头，或者头低得稍微有点儿勉强，很可能就被正猜疑他的隋炀帝杨广除掉了，哪里还会有后来的太原起兵和大唐帝国的建立？

　　妥协是在不利形势下所实行的一种让步政策。斗争处于劣势时，对方往往提出无理要求，我们只好暂时让步，满足其要求，以待危机过去，再解决问题。

　　这样做有什么好处呢？

　　一是可以避免时间、精力等"资源"的无效投入。在"胜利"不可得，而"资源"日渐消耗殆尽时，妥协可以立即停止消耗，使自己有喘息、充实力量的机会。

　　二是可以获得暂时的和平，来扭转对你不利的劣势。你之所以处于劣势，最大的原因是实力不足，或者内政、外交方面出了问题。无论提升实力还是解决问题，都需要时间。用妥协换来"和平"，你便可以利用这段时间来引导"敌我"态势的转变。

　　三是可以维持自己最起码的"存在"。妥协往往要付出相当的代价，但却换得"存在"。俗话说，"留得青山在，不怕没柴烧"。

　　存在是一切的根本，因为没有存在，就没有明天，没有未来。

也许这种附带条件的妥协对你不公平，让你感到屈辱，但用屈辱换得存在，换得希望，相信也是值得的。

妥协有时候会被认为是屈服、是软弱、是"投降"，而事实上，妥协是一种非常务实、通权达变的智慧，既是转危为安的战术，也是图谋远举的战略。所以，古今智者都懂得在必要时向别人妥协。毕竟人生成功靠的是理性，而不是意气。

宠辱不惊，才能沉着应对

宠辱不惊，看庭前花开花落；去留无意，望天上云卷云舒。这是我国古代文学作品《小窗幽记》中的一句话。

宠辱不惊，是传统的中国式哲学思想，意思是待人处事能够将宠辱看得平淡，就如同花开花落那样平常，这样无论遇到任何事情，都能做到不惊慌，沉着应对。

秦壮是某家汽车公司的职员，年底因为业绩突出，被奖励了一辆小汽车。他十分开心，自我感觉良好。他觉得，公司里的每一个人都非常羡慕他。

但是最近，秦壮却变得有些郁郁寡欢了，经理已经说过他几次了，但他的状态似乎越来越差。事情还要从上周说起。

上周，秦壮约了一个客户，在去见客户的路上，中途因为堵车迟到了，等他到了约定地点的时候，客户已经走了。

原来客户下午有事情要办，等了秦壮半个小时，打电话给他，而他又一直在堵车，于是客户就走了。电话里，客户稍微抱怨了几句。就这样的一件小事，让秦壮感到了深深的挫败感。工作状态不好，车就卖不出去，加上经理又说了他几句，秦壮就更加沮丧了。

故事中，秦壮的情绪很容易受外界因素影响。他获得了奖励，就自鸣得意；被别人埋怨几句，就沮丧万分。对一个成年人来说，这显得有些太不成熟。踏入社会后，就要学会不以物喜，不以己悲。情绪总是因为外界而大起大落，这确实不是一件好事。

宠辱不惊，待人处事能够将宠辱看得稀松平常，就如花开花落一般，遇事才能处变不惊。

简言之，只有心境平和的人才能在喧嚣的世界中淡然地面对一切。

小林已经工作三年了。他平时比较在意别人对他的评价，经常会因为别人的一句话而情绪激动，而他又是个直性子，高兴不高兴都要说出来。

小林的工作是保险业务代理，这就要求他时刻要保持一种积极向上的心态，才能更好地向顾客介绍自己的业务。但这对小林来说似乎有点困难，因为他经常会因为领导的一句批评而闷闷不乐。

有一次，领导发现小林在工作中有些打不起精神，业绩也下降了许多，便对他说："小林，你最近是怎么了？这样的工作态度可不行啊！你看你这业绩，创造你的最低纪录了。再这样下去真的不行。"

在领导看来，自己说这些话只是为了督促小林，让他振作起来。但在小林看来，领导的这些话让他觉得自己的努力被否定了。为此，他耿耿于怀，工作时心不在焉，业绩下降得更厉害了。

领导没想到，很平常的几句话竟让小林一直这么在意。对于领导的夸奖，小林同样也很在意。有几次领导在工作会议上表扬了他，他便高兴得合不拢嘴，甚至有些膨胀，觉得自己的业务能力很强，跟其他同事说话时也有些趾高气扬。

人际交往中，小林也是这样，他很在意朋友对他的评价。如果朋友称赞他，他不仅很开心，还会加深对这位朋友的感情，以为两人的感情比海深；反之，如果朋友指出了他的一些缺点，即使很客观、委婉，他也会很不开心，感到自己被否定了，进而对批评他的朋友产生反感。对于他的性格，朋友们虽然无奈，却也只能包容。

像故事中小林这样的人，我们周围有很多，他们看起来性格直爽，开朗爱笑，实则内心很敏感。他们对外界的人和事总是格外在意。这其实不是一种好的习惯，因为每个人都有自己的做事方法，如果总是担心别人说什么，就什么事情都做不好了。因此我们要做到宠辱不惊。

做到宠辱不惊说容易也容易，说难也难。那些在别人看来宠辱不惊的人，大都有着丰富的人生阅历，所以他们才会泰山崩于前而色不变。

总之，别把自己关在小圈子里，即使对陌生环境有抵触，也要努力去尝试和外界沟通。假如你不去接触新的环境，又怎么能有丰富的经历呢？

如果很难做到不在意别人，那就换种思维去思考问题。比如：遇到开心的事情就在心里问问自己，这件事情有什么好笑的？这样一想，你就会冷静下来。遇到不开心的事情，就告诉自己，这根本没什么大不了的。这样多练习几次，养成习惯后，就不会那么在意别人的看法和说法了。

能屈能伸，才是好汉

曾国藩曾说："受不得屈，成不得事。"历数古往今来的成大事者，大都在奋斗之年受过不少委屈，功成名就后，他们也能保持能屈能伸的心胸，经营良好的人际关系。而那些直性子的人亏就亏在不懂得"屈"和"伸"，因为太直接往往伤人又伤己。

李勇是一个傲气的人，他的成绩一直很好，在班里数一数二，老师对他很重视，同学也都很羡慕他。这让他很自负，不但听不得一点儿意见，还受不得半点儿委屈。

从学校毕业后，李勇进入一家公司工作。没过多久，现实就让自信满满的他无所适从了。公司的工作繁忙而劳累，还要经常加班。因为李勇刚参加工作，对一些情况不了解，导致他的工作效率不高，经常需要先查资料或向别人请教，然后才能完成。

由于最近的事情比较多，他的上司有些烦躁，感觉李勇的工作完成得很慢，有时就会给他一点儿脸色看。这让李勇心里很不舒服，他觉得从小到大自己都是被人夸赞的，没有受过这样的委屈，所以他都想放弃这份工作了。

有一次，经理让李勇去打印一些资料，然后送到分公司。李勇也没多问便去了。结果两天后，经理突然问李勇，上次打印的资料有没有多留一份放在公司里。

李勇一下子蒙了，他并没有想到这一点，他觉得错不在自己，经理也没跟他说。于是他说道："您没有跟我说这一点啊，也不能怪我。"

听了他的话，平时就对他有些不满的经理发起火来，说道："你办事不靠谱儿还想推卸责任吗？我没说你就不会问吗？你看你在公司的表现，没开除你就算不错了，还这么多理由。"

经理的话让李勇气不打一处来，当时就要发飙，幸好同事拉住了他。李勇觉得自己受了很大的委屈，他决定跳槽，不然出不了这口气。同事劝他冷静一下，因为公司的待遇不错，李勇在这儿的发展前景也很好，不要因为一时的不快而放弃。但李勇听不进去，他执意离开了。

从那以后，李勇就开始不停地跳槽，并且稍有不快就会离开。当别的同学工作都稳定下来了，他还在到处找更好的工作。

当下的年轻人大都"气盛"，凡事受不得半点儿委屈，难以接受被冤枉、被算计、被辞职甚至是被批评，总要为自己讨回一点儿公道。故事中的李勇就是最好的例子，他最终收获的不是他人的赞赏，而是一次次事业的失败。

其实，做人就要能屈能伸。当我们处于逆境时，被困难和痛苦压迫着，"屈"一下才能更好地保护自我的身心；处于顺境时，天时、地利、人和都拥有了，就要努力地施展自己的才能，实现伟大的抱负。一个人如果性子太直，说话行事不懂得变通，在该"屈"的时候不"屈"，在人生的道路上就会遇到更多阻拦。

一个性格直而受不得委屈的人，在团队合作中是很难相处的。因为他们说话难听、办事欠考虑，很难得到队友们的支持。而在这个竞争激烈的时代，个人主义早已不是主流，再强大的个人如果没有他人的支持和协助，也难以在竞争中胜出。面对他人的误解、批评，唯有"屈"一下才能积蓄更大的能量，才能为实现理想打下坚实的基础。

直来直去的性格只能让我们到处碰壁。"屈"是为了积蓄力量更好地完成"伸"，所以古人才常把"委曲求全"挂在嘴边。

委曲求全是权宜之计，并非软弱或者逃避，而是换一种方式锻炼自己。因为人生的道路上既有江河山川，也会遇到沟坎滩涂，能屈能伸才能使我们的人生之路更平坦。

梅兰芳先生是我国著名的戏曲表演艺术家。当年他名满天下，每次演出几乎场场爆满，叫好声、喝彩声络绎不绝。

有一次，梅兰芳在台上演出京剧《杀惜》。现场像往常一样，喝彩声不绝于耳，但有一个声音显得格格不入。梅兰芳注意到，一位老年观众一边听他的戏一边摇头，嘴里说着"不好，不对"。梅兰芳记住了老者的模样，演出结束后便托人打听这位老者的家庭住址。

很快，这位老者便被找到了。梅兰芳连戏服都没来得及换，就把这位老者请到自己家中，恭恭敬敬地说："说我不好的人，就是我的老师。您说我不好，一定有您的理由和见解。您能否不吝赐教，指出我的不足？学生我也好亡羊补牢。"说罢，梅兰芳还向老者鞠了一躬。

老者没想到，名满天下的京剧大师竟这么在乎自己的一句评语，还能虚心地求教。他意识到，梅兰芳不仅在艺术上颇有造诣，在人格上也能做到能屈能伸，当真是一位优秀的艺术家。于是,老者便指出了梅兰芳在《杀惜》中的不足:"阎惜姣上楼和下楼的台步,按梨园规定,应是上七下八,您当时却是八上八下。"

听了老者的话,梅兰芳这才恍然大悟,不停地向老者表达感谢。

不仅如此,从那之后,梅兰芳还经常请这位老者观看他演戏,然后请他指正,并尊称他为"老师"。

这便是梅兰芳大师的气度,能屈能伸的他能够谦虚向人求教,从来不因自己的成就而盛气凌人。待人亲切有礼,只有才能、人品都非常优秀的大师才能做到。

作为一位知名的戏剧大师,梅兰芳先生的大度,不但让他的表演更加完美,也使他的人品受到了世人的尊重。

屈伸之道在日常生活中就可以学习。与人相处时,不要只顾及自己的感受,要适当地站在他人的立场考虑问题,切忌使用直接反驳、命令的口气与他人交谈。只有相互尊重和包容,双方才能愉快地交流。

能屈能伸就好比走路,倘若双腿不懂得弯曲,就难以迈开步伐向前走,屈伸自如才能行万里路。能屈能伸就好比跳舞,太过僵直的身姿难以博得观众的喝彩,只有屈伸适宜、刚柔并济,才能跳出更有艺术感和美感的舞蹈。

花草树木经历暴风骤雨的打击后能存活下来,是因为它们具有能屈能伸的本能,遇风雨则低头,遇阳光则抬头。必要的时候低一下头、弯一下腰并不丢人,因为这是一种生存的方式和为人处世的智慧。

"大丈夫能忍天下之不能忍，故能为天下之不能为之事。"当日，韩信甘受"胯下之辱"，勾践卧薪尝胆，都是为了"为天下之不能为之事"。我们可能做不了伟人，但只要屈伸有度，就能够结交更多的朋友，减少人生道路上的阻碍，让自己的人生更快乐、更精彩。

时时纠结，不如宽容一世

遇到事情，别过分较真，否则只能让自己很痛苦。有时候，糊涂一些也许是件好事。

周五晚上，张保军很早就下班了，到了公交车站后，他看见有好多人在等673路公交车。于是，他也加入了等公交车的大军中。

大概半个小时后，来了一辆673路公交车。张保军看了一下排队的人，感觉自己应该可以坐上座位。

随着队伍一点点地往前走，张保军也往前移动。谁知，快到他上车时，却被一个年轻男子插了队。

张保军是个直脾气，见状，他气冲冲地对年轻男子说道："你插队不对，后边排队去。"

可年轻男子却不理睬他，继续往前移动。张保军更生气了，直接把他踢了出去。年轻男子哪受得了这样的"待遇"，爬起来与张保军厮打了起来。年轻男子打不过他，于是就报了警。

最后，张保军没上去公交车，却被带进了派出所。

故事中的张保军如果不那么较真，也许就不会发生后来的事情了。虽然插队是一种不好的行为，但生活中总会有这样的事情发生。如果类似的事情都较真，那么我们的日子还要不要过下去呢？凡事宽容些，就不会那么痛苦。而且解决问题时最好不要硬碰硬，否则受了伤就得不偿失了。

人生总会有很多不顺心的事情，有些让人无奈，有些让人羞愤，而有些让人痛苦。对一些性子直爽的人来说，发生了类似"插队"这样的事情，不较真恐怕很难。但凡事都较真，那就很麻烦了。做人宽容大度些，看淡点儿，就不会生那么多"闲气"了。

世界上没有谁是不犯错的，完美无缺的人根本不存在。既然谁都有缺点，就互相包容。与其为那些鸡毛蒜皮的小事计较，还不如省下时间和精力，全力以赴地去做有意义的事情。而宽宏大量会让我们的人际关系变得越来越好。

韩东是一名大学老师，上完课后，正好是午饭时间。下午还有课，他也懒得回去吃饭了，打算去食堂解决午餐。

韩东怎么也没想到，自己会跟食堂的工作人员起了冲突。打饭的时候，韩东发现，自己的三两米饭，跟一名女生刚刚打的一两米饭一样多。

于是他立马质问食堂的工作人员："你这米饭不够数吧，这也太少了，跟一两差不多。"

可是食堂的工作人员不承认自己的米饭打得不够，并且还一口咬定打给韩东的米饭是三两。于是，两人争执起来，并且声音越来越大，围观的人也越来越多。眼看着学生们都围了过来，韩东决定不吃饭了。他觉得气都被气饱了，还吃什么饭。虽说米饭花不了多少钱，但食堂工作人员的这种行为实在让他生气。

下午第一节课刚上完，韩东就感觉饥肠辘辘。他苦笑了一下，心里想着：自己都是孩子的爸爸了，怎么还因为这么小的事情较真呢。看来脾气太直是件坏事，这不，现在就尝到"苦果"了。

日常生活中，我们也会碰到类似的小事。比如，快递员不送货上门，而是打电话让人下楼去取。有些人的脾气比较暴躁，又是直性子，就会因为这种小事而大动肝火，甚至与快递员发生争执。其实互相体谅一下，也就不会有那么多麻烦了。

有的时候，为一些小事钻牛角尖不仅解决不了问题，还会让自己的情绪陷入死胡同里。

想安然过好这一生，就要多装糊涂。尤其是对待胡搅蛮缠的"坏人"，更要装糊涂，做好自己就好。这世界本来就会发生很多我们看不顺眼的事情，既然无力改变，不如让自己想开些，太过纠结，损伤了身体就得不偿失了。

做事可以较真，但做人却不能太认真。太过认真，就会变得斤斤计较。睚眦必报，就会忽略别人的优点，放大其缺点。因此，我们要认真做事，糊涂做人。

以宽容姿态解决"对抗状态"

工作中，同事之间难免有不同意见，要尽量避免生硬地伤害他人自尊心的言辞，以商量的态度提出自己的看法。如果遇到不合作的同事，也要表现出你的宽容和修养。

学会耐心倾听对方的意见，并对其合理部分表示赞同，这样不仅能使对方放弃"对抗状态"，也会开拓自己的思路。

某同事得罪过你，或你得罪过某同事，虽说不上反目成仇，但心里确实不愉快。如果你觉得有必要，可主动去化解僵局，也许你们会因此而成为好朋友，也许只是关系不再那么僵而已，但至少减少了一个潜在的对手。

这一点相当难做到，因为大多数人就是拉不下脸来！要允许别人犯错误，也允许别人改正错误。不要因为某同事有过失，便看不起他，或一棍子打死，或从此另眼看待对方，"一过定终身"。

同事所犯的错误有时候会给你带来一定的损害，或在某种程度上与你有关。在这种情况下，能否用一种宽容的态度对待这种"过"，是衡量一个人素质的标准。

原谅别人是一种美德，有时尽管自己心里并不痛快，但却应该设身处地地为同事着想，考虑一下自己如果在他那个位置会如何做，做错了事之后又有何种想法。

小张和小杨合作共同完成一项工程。工程结束后，小张有新任务出差，把总结和汇报的工作留给了小杨。

正巧赶上小杨的孩子生病，小杨因为忙于给孩子看病，一时疏忽，把小张负责的工作中一个重要部分给弄错了。总结上报给主管以后，主管马上看出了其中的问题，于是找来小杨。

小杨怕担责任，就把责任推给了小张。因为工程非常重要，主管立刻把小张调回来。小张回来后，莫名其妙地挨了主管一顿训斥。仔细一问，这才明白了是怎么回事，赶快向主管解释，才消除了误会。

　　小杨平时与小张关系不错，出了这事后，心里很愧疚，又不好意思找小张道歉。

　　小张了解到小杨的情况，主动找到小杨，对他说："小杨，过去的事就让它过去吧，别太在意了。"

　　小杨十分感动，两人的关系又近了一层。

其实只要你愿意做，你的风度就会赢得对方的尊敬，因为你给足了他面子。宽容大度是一种胸怀，为一点儿小事斤斤计较，争吵不休，既伤害了感情，也无益于成大事，甚至最后伤害的还是自己。

虽然有的时候，对别人宽容要以付出痛苦为代价，但是当你显示出自己的宽容和大度时，机会也就随之而来了。

坏事中也有可以利用的机会

一件坏事所能造成的损失通常没有人们想象得那么大，由于人们痛恨坏事，恨不得离它越远越好，急于抛弃它，以致把其中许多带来好处的方面一齐抛弃了，得到的是最坏的结果。

平庸的商人只能从好事中赚钱，优秀的商人从坏事中也能赚到钱。这是两种不同的境界。

有一家厂商，卖了一台有质量问题的汽车给一个顾客。顾客投诉时，厂商却认为产品质量没有问题，置之不理，结果引起了一场官司。

这场官司被新闻界炒得沸沸扬扬，厂商的销售额因此急剧下降，因为公众普遍认为它缺乏负责任的态度。原本只是一辆汽车的问题，最后却影响到很多汽车的销售，这不是从坏事中得到了最坏的结果吗？

聪明的人永远不会做这种最坏的选择，他们知道怎样从坏事中获益。比如，他们也会遇到质量问题，但处理方法却大不相同。

1988 年，南京发生了一起电冰箱爆炸事件，出事的是沙市电冰箱总厂生产的"沙松"牌冰箱。电冰箱居然会爆炸，这在全国尚属首例。此事见诸报端后，引起众多冰箱用户的惊恐。

沙市电冰箱总厂获此信息，火速成立了一个由总工程师、日本技术专家等组成的调查小组，奔赴南京。他们本着负责任的态度，通知新闻媒体，允许媒体现场跟踪报道，向市民反映真实情况。

到了出事现场，日本专家对爆炸冰箱进行检查，发现压缩机工作正常，制冷系统工作正常。很显然，爆炸跟冰箱本身无关，因为冰箱的壳体是不可能爆炸的。

厂方代表问事主在冰箱里存放了什么物品，但事主拒不回答，只是要求赔偿一台新的冰箱。为了尽快弄清真相，厂方同意无论什么原因引起的爆炸，都会赔给他一台冰箱。这样事主才承认，自己在冰箱中存放了易燃易爆的丁烷气瓶。

至此，事情真相大白。沙市冰箱总厂虽然为此事耗费了大量人力物力，但这种负责的态度经多家媒体报道后，知名度和美誉度大大提高，它的产品销售也迅速上涨。

任何报废的物品都有残存的价值，任何坏事中都有可以利用的机会。就像用一块朽木能雕成一个艺术品一样，你甚至能发掘出比坏事本身更大的价值。这当然需要一点儿独具匠心的运作手段。

　　高明的商人也是利用坏事的专家，即使从损失金钱这种切肤之痛的事情中，他们也能发掘出赚到更多金钱的机会。这正是他们能在任何环境条件下都能致富的原因。

　　好事或坏事原本没有明显的界线，它们最后带来何种结果，全看当事人的手腕魄力。从好事中获益，那是傻瓜也会干的事，可惜天下哪有这么多好事？因此，一个人的成败，往往取决于他有没有将坏事变成好事的能力。

第十章

行走江湖，智商和情商总要有一个在路上

同样为人，在行走社会的时候，为什么有的人如鱼得水，而有的人却举步维艰；有的人做任何事情都游刃有余，而有的人却常常茫然失措……其实，这其中的差别，很大程度上取决于一个人是否拥有足够的情商和智商。

纵观现实生活中那些春风得意的人，或事业有成的人，他们或者是智商的强者，或者是情商的王者，甚至兼而有之。反之，一个人如果智商和情商都不在线，失败则是必然的。

是非的浑水蹚不得

同事、上下级之间的是非最好离自己远一些，不然，常在河边走，难免不湿鞋。

在职场上，同事之间存在竞争的利害关系。追求工作成绩和报酬，希望赢得上司的好感，获得升迁，以及其他种种利害冲突，使得同事之间不可避免地存在着一种紧张的竞争关系。而这种竞争往往又不是一种单纯的真刀实枪的较量，而是掺杂了个人感情、好恶、与上司的关系等十分复杂的因素。

例如，两位经理大斗法，你是中间人物，应该如何应付呢？

最大的可能性是，两人都希望拉拢你，却又不能太露骨，在言词上表达，或在工作上给你甜头，聪明的你当然明白其用意。

但同时，你不可能一直置身事外，必然要表明立场，否则会被视为两面派，那就更不妙了。

同事之间纷争会有各种各样鸡毛蒜皮的事情发生，各人的性格优点和缺点也暴露得比较明显。每个人行为上的缺点和性格上的弱点暴露得多了，就会出现各种各样的瓜葛、冲突。这种瓜葛和冲突有些是表面的，有些是背地里的；有些是公开的，有些是隐蔽的。种种的不愉快交织在一起，便会产生各种矛盾。

同事之事传播流言蜚语，是带有很大危害性的，它能蒙蔽一些人，导致人们做出错误的判断和决定，甚至会妨碍前途。

有位女孩叫洁。有一天，她受到上司王科长的热情邀请，一同前往公司附近的咖啡厅里喝咖啡。

他们坐在咖啡厅里，一边喝咖啡，一边天南海北地闲聊起来，不知不觉，话题开始扯到了洁的同事李小姐。

"啊，李小姐吗？她好漂亮啊！经常穿着时髦的衣服，真叫人羡慕啊。"

"那是当然，因为李小姐领的是高薪！"王科长突然道出原委。

原来，这家公司采取的是年薪制，每个员工的年薪是根据每人的工作表现与公司签订的合同而确定的。这点洁自然也清楚，但她一直认为同事间的差别不应该太大，现在突然从王科长口里听说李小姐的工资很高，自然心里不太舒服。于是她问道："真会差那么多吗？"

"是呀，比你的年薪多上万元呢！"王科长说得更具体了。

第二天，洁便把这件事告诉了她的同事们，大家听了当然不服气，于是，就一起嘲笑起"高工资"的李小姐来，甚至不同她来往，将她孤立了起来。这样，李小姐不得已只好辞去了工作。

事实上，李小姐的年薪与洁相差并不大，只是因为她曾经向科长提过意见，以致科长怀恨在心，所以就想出了这么一个诡计，借洁的嘴孤立李小姐，最后将她逼走。

等到洁知道事情的真相后，已为时太晚，因为自己已被人家利用，当枪使了。不仅如此，洁还得了一个喜欢散布流言蜚语的"坏女人"的绰号。

聪明的人，对别人之间的是非恩怨和各种斗争，一定要远远离开。无论对同事还是上司都应做到不蹚浑水，不急于表态。

最了解你的人，也许是最危险的

许多人会问，为什么最好的朋友，最了解自己的人，往往是最危险的敌人呢？

战国时期，庞涓和孙膑都是鬼谷子的学生，两个人的感情很深厚。庞涓准备先离开鬼谷子，施展抱负。他离开鬼谷子之前，告诉孙膑自己愿意尽最大的力量让他也能功成名就，庞涓的一席话让孙膑感动不已。

庞涓是魏国人，先到魏国晋见魏惠王魏䓨。魏惠王见庞涓很有大将风范，马上封庞涓为大将。庞涓受到魏䓨重用，在魏国的权势如日中天。他想起当初对孙膑的承诺，取得魏罂的同意后，写了一封信给孙膑，邀请孙膑到魏国共同协助魏惠王。

　　孙膑到了魏国，魏罂原来想让孙膑担任庞涓的副军师，协助庞涓处理一些军务。但是庞涓却向魏罂极力推荐，让孙膑担任客卿（首席顾问）的职务。庞涓这个举动让孙膑感动不已。

　　经过一段日子，庞涓才发现自己离开鬼谷子后，鬼谷子传了一部兵法给孙膑，使得孙膑的能力比自己强了许多。他一方面害怕孙膑受到魏罂重用，会让自己失去权力，逐渐感到恐惧，但是另一方面又想得到孙膑脑中的兵法。

　　于是他找了一个机会，问孙膑是否还有家人，孙膑回答说自己有两个哥哥，但是早就失去联络，音讯全无了。庞涓想再试探一下孙膑，问孙膑还想念故乡吗？有没有回齐国的打算？孙膑表示虽然想念故乡，不过现在已经在魏国服务了，一切都应该以魏国为重。

　　庞涓知道孙膑还惦记着哥哥，就派手下伪装成齐国人，给孙膑送来了家书。孙膑看到书信，激动得流下眼泪，以为哥哥目前仍在齐国，立刻写了一封信给哥哥。庞涓将孙膑的回信呈给魏罂，检举孙膑有通敌叛国的意图。魏罂看了书信后，认为孙膑只不过是思念家乡，还谈不上通敌叛国。

　　庞涓见魏罂愈来愈相信孙膑，心里更加恐惧。于是他提醒魏罂，万一孙膑提出回齐国的要求，就证明孙膑有叛国的意图，请将孙膑交给他处理。魏罂同意了庞涓的请求。

　　庞涓离开王宫，直接去探望孙膑，他问孙膑："听说你的家人派人送来了家书，真的有这样的好消息吗？"

孙膑一点儿都没有隐瞒，把信中哥哥希望他能够回去扫墓祭祖的事情，完全坦白地告诉了庞涓。

庞涓说："兄弟们分别这么久了，互相思念也是人之常情。你为什么不向魏王请一两个月假，回去扫墓祭祖，顺便和兄弟们团聚一下呢？"

孙膑回答："齐国是魏国的仇敌，恐怕魏王会怀疑我回去的动机，不会答应吧？"

庞涓拍着胸脯保证："不试试看，怎么知道呢？你放心吧，我一定会向魏王担保，这件事应该不成问题！"

孙膑对庞涓的"真情对待"，感激到了极点。

第二天，孙膑立刻向魏王请一个月假回齐国扫墓。魏罃看了奏章，大为恼火，认为孙膑果然通敌叛国，立刻下令捉拿孙膑，交给庞涓处理。庞涓先假装吃了一惊，告诉孙膑愿意代他向魏罃陈情，为他洗刷冤情。

庞涓说完，立刻进宫告诉魏罃，只要砍断孙膑的双腿，让他回不了齐国，他就没有办法叛变了。魏罃已经没有心思再管这件事了，一切就都交给了庞涓处理。

庞涓回来告诉孙膑："魏王原来打算赐你死罪，经过我苦苦哀求，才答应免除死罪，改为膑刑。"

孙膑除了接受处罚外，对这个帮助自己解决困难的好友，感激得五体投地，答应要将兵法默写出来送给他，作为回报。

直到有一天，庞涓府中的家人看不过去，将真相告诉了孙膑，孙膑才知道他遭到了陷害。而陷害他的人，正是他最信任的朋友——庞涓。

最好的朋友往往是最危险的敌人，因为他最了解你，而你也最信任他。做错事，再怎么严重，也不过是一件事，总还有弥补的机会。信错人，则是一辈子都没有办法挽回的遗憾。因为他可能在你最失意的时候补上一脚，让你跌入永世不能翻身的深渊。其实信错了人，不只是"人"出了问题，最大的问题在于错估了"人性"。

热心未必是好心，好心也要防心

现代社会人际关系复杂，没有一双"慧眼"是不可能很好地生存的。在我们的生活里，处处可见那些笑里藏刀的"好心人"。

这些好心人往往有着不错的人缘，很好的口碑，能够在各种大事小情里发现他们的身影，他们往往口蜜腹剑，戴着友善的面具，赢得人们的敬重，却在背后干着损人利己的勾当。

他们的可怕之处在于，让你找不出谁是使你蒙受不白之冤的幕后黑手，是谁让你置身于不仁不义的两难境地，让你分不清谁是敌、谁是友。但是，只要你擦亮双眼，提高警惕，仔细观察，谨慎处世，那么无论多么狡猾的"好心人"，终有一天会露出尾巴，现出原形的。

有一种人整天面带笑容，见人客气，表现得特别友好；暗地里却使出手段造你的谣，拆你的台。这种戴着面具的"好心人"，往往容易让不谙世事的人吃了亏还不知道是怎么回事。此类人看来异常谦卑恭敬，礼貌周到，且热情友善易于相处；可是他们背后做的事你就一无所知了，即使开怀畅饮后他们也难有半点儿口风露出。

这种人通常在任何时间、场合、处境，面对任何人物，都会笑面迎人，亲热非常，因为笑对他来说是一种工具，一种与人沟通的媒介，一种达到其个人不可告人目的的手段。

对于这种戴着面具的"好心人"，一定要特别当心。这类"好心人"总会主动和你打招呼，有时候还会表现出过分的热情，甚至对你称兄道弟。为了博取你的欢心，他往往还会顺着你的话滔滔不绝地说下去。

不过，当你与他产生利害冲突时，他会不顾一切地去争取他那一份微小的利益。这时候，他的伪善面具就会脱落，露出真实的面目。

在日常工作中与人相处时，不能只注意表象，也不能仅从某事来判断一个人。很多伪善和假象常欺骗我们的眼睛，我们只有仔细观察，多方求证，时间长了，才能看清一个人的真面目。在此之前，待人接物，一定要加倍小心，谨防上"好心人"的当。

战国时期的思想家孟子说："恻隐之心，人皆有之；羞恶之心，人皆有之；恭敬之心，人皆有之；是非之心，人皆有之。"

人之本性为善没错，但在利益面前，好心人也未必能做到无动于衷，他们也会因一句"人不为己，天诛地灭"而做出坏心肠之事。

一定要谨记"热心未必是好心，好心也要防心"的道理，千万不能把这些"笑面虎"当成知己好友，把自己的心事轻易地告之。否则，不但会惹来对方的轻视，还会成为别人的笑柄。但同时，也不能得罪这类人。如果引起他的反感，他对你的评价就会影响周围人对你的印象，岂不成了自讨苦吃？

免费的午餐里大多有"毒药"

世上没有免费的午餐，也没有白来的利益。任何抱着不劳而获、侥幸心理的人，都会被空幻的利益牵着鼻子走，最终陷入别人挖好的陷阱。

古时有个读书人叫张生，博学、口才极好，本来是可以有所作为的，但他很爱占小便宜，被一个骗子骗去了一大笔银子。

张生自然又气又恨，想到各地去漫游，希望能抓住那个骗子。事有凑巧，忽然有一天，他在苏州的间门碰上了那个骗子。

不等他开口，骗子就盛情邀请他去饮酒，并且诚恳地向他道歉，说是上次很对不起，请他原谅。

过了几天，骗子又跟张生商量说："我们这种人，银子一到手，马上就都花了，当然也没有钱还给你。不过我有个办法，我最近一直在冒充三清观的炼丹道士。东山有一个大富户，和我已经说好了，等我的老师一来，就主持炼丹之事，可我的老师一时半会儿又来不了。你要是肯屈尊，权且当一回我的老师，从那富户身上取来银子，我们对半分，作为我对你的赔偿，而且还能让你多赚一笔，怎么样呢？"

张生听说有好处，就答应了那个骗子的要求。于是这个骗子就让张生伪装成道士，自己伪装成学生，用对待老师的礼节对待张生。那个富户与扮成道士的张生交谈之后，深为信服。

两人每天只管交谈，而把炼丹的事交给了骗子。富户觉得既然有师傅在，徒弟还能跑了？不想，那个骗子看时机成熟，就携富户的银子跑了。于是富户抓住"老师"不放，要到官府去告他。倒霉的张生大哭，然而等待着他的，却是一场牢狱之灾。

张生是那种一有好处便昏了头脑的人，甚至连多考虑一下也等不及，便答应了骗子的要求，竟然为了一点儿钱财与骗子一起干起行骗的勾当。他没有想到，骗子许下的承诺根本不可能兑现。

抱着侥幸心理，企盼拥有免费的午餐，就会像张生一样被人利用，无法脱身。

我们应该在诱人的利益面前，低声问问自己："这种好事怎么会落在我头上？"多一分小心谨慎，才能少一些危险和磨难。

凡事有利必有害，而"免费的午餐"背后更可能隐藏着大害。自古至今，只有能明是非、辨利害的人，才不会身受其害。

习惯与他人的蠢话为伴

生活最重要的准则在于懂得如何忍受一切，包括忍受愚蠢的人。这是智慧的真谛。容忍愚蠢需要极大的耐心。有时最令我们痛苦的人正是我们最依赖的人，如果我们不想静居独处，除了忍耐，没有其他更好的途径。

愚蠢的人有两个明显的特点，即自私自利和自以为是。如果一个人只有其中一个特点，那还算不上太愚蠢，当这两个特点汇合在一起，才是麻烦的根源。

他们固执己见，决不肯承认自己的认知之外还有新的天地，所以要想说服他们，非常困难；他们目光短浅，为了一点儿蝇头小利，就不惜将大家共同遵守的规则抛在一边；他们心地阴暗，为了一个小小的心灵冲动，就不惜挑起事端，以达到打击贬损别人的目的。

对这种愚蠢的人，你想改进他们，十分困难，至少不是三五日的事情；你想逃避他们，势必不可能，因为他们跟你的工作与生活紧密相关，甚至还是你的亲人。

那么怎么办呢？首先要学会忍受他们。

1. 从利弊角度考虑问题

那个人在你面前说蠢话，做蠢事，你该以何种态度对待？这并无一定。假如那个人的蠢话和蠢事对你并无妨碍，那就由着他好了。你明明知道他在说一些偏离真理甚远的谬论，甚至是在撒谎，在散布谣言，你也没有必要非揭穿他不可。就当自己是傻瓜，听不懂他的话好了。这样会对你造成什么损失呢？假如你急于表现自己并不蠢，将他得罪，这样对你又有什么好处呢？

除非他是你的至亲，你才有必要冒着被怨恨的风险去改进他的愚蠢，但也不能操之过急。愚蠢不是一种那么容易医好的病。

良医治病，重于固本培元，这不仅对病人有利，对自己也有利。

假如你懂得用利弊分析人的关系，愚蠢的人也就不是那么难以忍受了。

2. 对他人做的蠢事，慎重对待

当他人做的蠢事有可能伤及你的利益时，怎么办为好？那要看这种利益值不值得你去争，有没有机会争到手。如果既值得又有机会，那就当仁不让。一旦决定要争，就要准备充分，全力以赴，力求胜利。

如果那种利益不值得你去争，或者你很难争到手，那就让人一步好了。人生好比行路，总会遇到道路狭窄的地方。每当此时，最好停下来，让别人先行一步。如果心中常有这种想法，人生就不会有那么多冲突碰撞，也不会有那么伤痕和泪痕。即使终身让步，也不过百步而已，能对人生造成多大的影响呢？你经常让人一步，别人心存感激，或许也会让你一步，哪怕一条小路也会走得顺顺当当。你事事不肯让人，别人也会设法阻碍你，损伤你，即使一条通天大道也会充满险阻。

3. 对他人的蠢话无须太敏感

愚蠢的人总喜欢在背后说三道四非议别人，也许他们是想通过贬低别人达到抬高自己的目的，也许他们只是想发发牢骚而已，并无恶意。那么，该如何面对这种蠢话呢？

一位大公司的总裁说："我早年对这种事情非常敏感。我当时急于要使公司里的每一个人都认为我非常完美，要是他们不这样想的话，我就会很忧虑。只要哪一个人对我有一些怨言，我就会想法子取悦他。可是我所做的讨好他的事情，总会使另外一个人生气。然后等我想要满足这个人的时候，又会惹恼另外的人。最后我发现，我越是想讨好别人，以避免别人对我的批评，就越会使我的敌人增加。所以最后我对自己说：'只要你超群出众，你就一定会受到批评，所以还是趁早习惯的好。'这一点对我大有帮助。从那以后，我就决定只尽我最大能力去做，把我那把破伞收起来，让批评我的雨水从我身上流下去，而不是滴在我的脖子里。"

不公正的指责至少有一个好处：使我们明白自己在做人做事方面远未臻完善，还大有努力改进的余地。

傻人遭到一点点不公就会发起脾气来，可是聪明人却急于从这些责备他们、反对他们和"在路上阻碍他们"的人那里学到更多的经验。

中国有句古话："木秀于林，风必摧之；堆出于岸，流必湍之；行高于人，众必非之。"如果你想表现得比庸人优秀，你就要习惯与他人的蠢话为伴。

学会抵御暗处的袭击

无论在什么时候，永远不要将自己的底细和盘托出。

传说，上天创造世间万物之初，猫的本领比老虎大，于是老虎偷偷拜猫为师。经过一番勤学苦练之后，老虎的本领变得十分了得，成了森林之王。按理说，功成名就的老虎该心满意足了，可是老虎总觉得拜猫为师的事不光彩，怕传出去后受百兽讥笑，于是就起了杀师灭口之心。

有一天，老虎终于向猫下了毒手，穷追猛咬，试图将猫置于死地，情急之下猫一下子跳到了树上，任凭老虎在树下张牙舞爪咆哮也无可奈何。

吓出一身冷汗的猫十分后怕地说："幸亏我留了一手，不然今天就死于逆徒之口了！"

这是一个老掉牙的故事，值得我们注意的是故事蕴含的哲理，随时提醒我们留一手是很有必要的，而且也是很有好处的。

为什么故事中的猫能逃脱虎口？原因是它没有亮出自己的最后一张底牌，留了上树这一手。为人处世也是这样，应该尽量设法保持自己的神秘，不要轻易亮出自己的底牌，否则让别人按牌来攻，自己肯定会输掉。即使对方是貌似忠厚的老实人，也不可全抛一片心。

碰上貌似老实的人，人们往往一见如故，把"老底"全抖给对方，也许双方会因此成为知心朋友。但在现实中，更多的可能是：你把心交给他，他却因此而看扁你，更有甚者会因此打起坏主意，暗算于你。

所以说，在待人处世中，对摸不清底细的人，切记要做到"逢人只说三分话，未可全抛一片心"，否则，吃亏受伤害的将是你自己。

李厂长出差的时候在火车上遇见一位"港商"，二人一见如故，互换了名片。

这位港商举手投足间都显示出一种贵族气质，这使李厂长对其身份毫不怀疑。恰巧二人的目的地相同，港商又对李厂长的产品非常感兴趣，似有合作意向，李厂长便与之同住一个宾馆，吃饭、出行几乎都在一起。

这一天，李厂长与一位客户谈成了一笔生意，取出大笔现金放在包里。午饭后与港商在自己屋里聊天，不久李厂长起身去卫生间，回来时出了一身冷汗：港商和那个装满钱的皮包都不见了！

李厂长赶紧报警，几天后案子破了，罪犯被抓获后才知道，原来他并不是什么港商，而是一个职业骗子。这让李厂长对自己轻易相信他人、交出自己底细的做法痛悔不已。

事无不可对人言，是指你所做的事要问心无愧，并不是必须尽情向别人宣布。逢人只说三分话，还有七分不必说、不该说，这是一种自我保护和防守。

因此，在职场中，任何时候我们都要留一手，不要和盘托出全部真情，并非所有真相皆可讲，冲动是泄露的大门。最实用的知识在于掩饰之中，轻易亮出自己底牌的人往往会成为输家。

不要加入议论人非的群体

人与人之间的关系是很复杂、很敏感的。特别是在办公室这种场合，几个人在一起闲聊起来。有时说到某个人时，还会说出一大串的坏话。这时，很多把持不住的人也会跟着附和说起某人的坏话来，其结果可想而知，这种坏话不久便会添油加醋地传到当事人的耳朵里，别人不仅对你有了看法，还有可能以其人之道还治其人之身，说你的坏话或打击报复你。

某公司企划科李某升为科长，同一间办公室坐了几年的同事忽然升迁了高位，对每个人来说都是一个刺激与震动。平日不分高下、暗中竞争的同事成了自己的上司，总让人有那么一点儿酸酸的感觉。

企划科李某的几个同事开始在背后嘀咕了："哼！他有什么本事，凭什么升他的官？"

一百个不服气与嫉妒就都脱口而出了，于是你一言我一语，把李某数落得一无是处。

王新是分配到企划科不久的大学生，见大家说得激动，也毫无顾忌地说了些李某的坏话，如办事拖拉、疑心太重等。

可偏有一个两面三刀的同事A，背后说李某的坏话说得比谁都厉害，可一转身就把大家说李某坏话的事告诉给了李某。

李某想：别人对我不满说我的坏话我可以理解，你王新乳臭未干有什么资格说我？从此对王新很冷淡。

王新大学毕业，一身本事得不到重用，还经常受到李某的指责和刁难，成了背后说别人坏话的牺牲品。

在日常生活中，我们不可避免会遇到别人在你面前说某个人的坏话，此时，你就要端正自己的态度，不要被他的话左右你的思想，更不要跟着别人去说坏话。最好的办法是，当别人在你面前说某个人的坏话时，你不要去插嘴，只是微笑示之。

微微一笑，既可以表示领略，也可以表示欢迎，还可以表示听不清别人的话。当你不插话，只是微笑不语时，既不抵触、不得罪说坏话的人，也没有参与说坏话，两边都不得罪，这是比较好的做法。

有人在你面前说别人的坏话，别人爱怎么说就怎么说，你能不听就不听，能溜最好。实在不便开溜，你就答非所问，另起话题。

比如，有人向你数落某人的不是："这个人什么都好，就是有点好大喜功，拍马屁。"碰到这样的情况，你如果能笑笑就将话题岔开当然是最好不过了，如果岔不开，你又不加理睬，显然会得罪人。这时，你可以挑起新的话题来达到目的。